Beck'sche Reihe

Denker

BsR 530

BsR

Sokrates, der die Instabilität des Alten und Überkommenen erfährt, ist eine Figur des Übergangs. Er lebte im fünften vorchristlichen Jahrhundert, von etwa 470 bis 399, in Athen und war Zeuge des politischen Aufstiegs und Niedergangs seiner Stadt. Er bildete eine eigene Gesprächskunst aus in der Auseinandersetzung mit den Intellektuellen seiner Zeit, den Sophisten. In Sokrates verbindet sich deren geistige Unruhe, ihr Zweifel am Überkommenen mit dem Bestreben, im Denken neue Orientierung zu finden. Für Sören Kierkegaard, Friedrich Nietzsche, aber auch für Karl Popper ist Sokrates die Gestalt der Philosophie überhaupt, das Urbild des Philosophen.

Günter Figal, geb. 1949, Dr. phil., Professor für Philosophie an der Universität Tübingen. Mitherausgeber der *Internationalen Zeitschrift für Philosophie. Buchveröffentlichungen:* Theodor W. Adorno. Das Naturschöne als spekulative Gedankenfigur, 1977; Martin Heidegger. Phänomenologie der Freiheit, 1988, ²1991; Das Untier und die Liebe. Sieben platonische Essays, 1991; Martin Heidegger zur Einführung, 1992; Für eine Philosophie von Freiheit und Streit. Politik – Ästhetik – Metaphysik, 1994. Hrsg.: (zusammen mit Rolf-Peter Sieferle) Selbstverständnisse der Moderne. Formationen der Philosophie, Politik, Theologie und Ökonomie, 1991.
Die Reihe „Denker“ wird herausgegeben von *Otfried Höffe,* Professor für Philosophie an der Universität Tübingen.

GÜNTER FIGAL

Sokrates

VERLAG C.H.BECK

Mit 6 Abbildungen

Die Deutsche Bibliothek – CIP-Einheitsaufnahme

Figal, Günter:
Sokrates / Günter Figal. – Orig.-Ausg. – München : Beck, 1995
(Beck'sche Reihe ; 530 : Denker)
ISBN 3 406 34642 1
NE: GT

Originalausgabe
ISBN 3 406 34642 1

Umschlagentwurf: Uwe Göbel, München
Umschlagabbildung: Sokrates (Glyptothek München)

Gesamtherstellung: Appl, Wemding
Gedruckt auf säurefreiem,
aus chlorfrei gebleichtem Zellstoff hergestelltem Papier
Printed in Germany

Inhalt

IV. Politik

Anhang

Zitierweise

Alle Platon-Zitate werden durch Angabe der unter „Abkürzungen" angegebenen Siglen zitiert. Die im Wortlaut wiedergegebenen Passagen sind Übersetzungen des Autors, die unter Berücksichtigung der im Literatur-Verzeichnis nachgewiesenen, von Gunther Eigler herausgegebenen Übersetzung von Friedrich Schleiermacher angefertigt wurden. Die Zeugnisse des Xenophon und Aristoteles werden durch die unten erwähnten Siglen belegt. Die verwendeten Editionen werden im *Anhang* aufgeführt.

Auf die im *Anhang* aufgeführte Literatur wird durch Verfassername (sofern nötig: zusätzlich mit Erscheinungsjahr) und ggf. Seitenzahl im laufenden Text Bezug genommen.

Abkürzungen

1. Die platonischen Dialoge

Alk. I	Alkibiades
Apol.	Apologie
Charm.	Charmides
Ep. 7	Siebter Brief
Euthyphr.	Euthyphron
Gorg.	Gorgias
Hipp. min.	Hippias minor
Ion	Ion
Krit.	Kriton
Lach.	Laches
Men.	Menon
Phdo.	Phaidon
Phdr.	Phaidros
Phil.	Philebos
Pol.	Politikos
Prot.	Protagoras
Rsp.	Politeia
Soph.	Sophistes
Symp.	Symposion
Theait.	Theaitetos
Tim.	Timaios

2. Die Zeugnisse des Xenophon

Hell.	Hellenika
Mem.	Memorabilien (Erinnerungen an Sokrates)

3. Die Zeugnisse des Aristoteles

Eth. Nic.	Nikomachische Ethik
Met.	Metaphysik
Poet.	Poetik
Rhet.	Rhetorik

4. Weitere Zeugnisse

Tusc. Disp.	Cicero; Gespräche in Tusculum
Diog. Laert.	Diogenes Laertius: Leben berühmter Philosophen

Vorbemerkung

Dem Herausgeber dieser Reihe, meinem Kollegen Otfried Höffe, danke ich für die Anregung und hilfreiche Kritik, Christoph Quarch für seine Hilfe bei der Korrektur und der Erstellung der Register.

Das Buch ist Hans-Georg Gadamer zum 95. Geburtstag gewidmet.

G.F.

I. Welches Bild?

1. Annäherungen

„Sokrates“, so sagt Hegel in seiner *Geschichte der Philosophie*, „ist das Bewußtsein aufgegangen, daß das, was ist, vermittelt ist durch das Denken“ (Hegel, 18, S. 444). Wenn das heißen soll, alles in der Welt könne nur wahrhaft Bedeutung haben, sofern man sich in ein bewußtes Verhältnis zu ihm setzt, dann fängt mit Sokrates eigentlich an, was nach ihm „Philosophie“ hieß. Sokrates stellt als erster das Verständnis der Welt radikal aufs Fragen und die gedankliche Rechenschaft.

Wer vor Sokrates dachte und darum rückblickend „Philosoph“ genannt wird, ist hier anders verfahren. Parmenides beginnt das Gedicht, in dem er sein Denken artikuliert, mit der Schilderung einer Auffahrt aus den Bereichen menschlicher Alltäglichkeit, an deren Ende ihm eine Göttin entgegentritt und offenbart, was dann der Inhalt des Lehrgedichts ist. Heraklit, der andere Große aus der Zeit vor Sokrates, eröffnet sein Buch, indem er sagt, man höre nicht ihn, sondern den Logos, und das heißt hier: die Stimmigkeit der Welt selbst. Gegenüber Parmenides und Heraklit, gegenüber den anderen weniger bedeutenden Denkern der Zeit vor ihm bildet Sokrates eine Zäsur. Wie hoch man diese Denker auch schätzen mag, ganz zu Unrecht werden sie nicht – seit der Wende zu diesem Jahrhundert – als „Vorsokratiker“ bezeichnet.

Einem oft zitierten Satz Ciceros zufolge hat Sokrates die Philosophie vom Himmel herabgeholt und dazu gebracht, über das Leben und die Sitten, das Gute und das Schlechte nachzudenken (Tusc. disp. V.10). So erst wurde die Philosophie, was sie immer noch ist. Denn Philosophie ist wesentlich auch „praktische Philosophie“. Und sofern das Handeln, die Praxis, nicht isoliert von einzelnen vollzogen wird, sondern in einer kultisch, sittlich und ökonomisch verfaßten Gemeinschaft, sofern das Handeln in die Polis gehört, ist die Philosophie politische Philosophie. Sie läßt sich auf die Belange des Alltäglichen ein, statt diese, wie es Parmenides tat, nur als Verblendung der Sterblichen zu verstehen. Auch Heraklit zog sich aus der Polis zurück; lieber mit den Kindern Murmeln spielen wollte er als sich mit den anderen Bürgern um Politik zu kümmern (Diog. Laert. IX 3).

Daß die Philosophie auf die Frage nach der Führung des Lebens bezogen ist, muß man auch umkehren: Das Leben ist nun auch auf die Philosophie bezogen und hat insofern die Selbstverständlichkeit verloren. Das Sittliche ist nun radikal, wie Hegel es ausdrückt, „auf die Subjektivität gestellt" (Hegel, 18, S. 490): Es verhält sich nicht mehr wie in der „unbefangenen Sittlichkeit", wo die Gesetze einfach nur wahr und recht sind, sondern was wahr und recht ist, muß erfragt und verstanden werden. Das hat zwei Seiten: Mit dem Verlust der unbefangenen Sicherheit ist die Erfahrung der Instabilität verbunden. Doch wenn das Wahre und Rechte erfragt und verstanden werden kann, erhält es im Denken eine Geltung, die zumindest in einer Hinsicht sicherer ist als die der unbefangenen Sittlichkeit; denn was nun für wahr und recht gelten kann, ist durch den Zweifel hindurchgegangen.

Darin, daß Sokrates die Instabilität des Alten und Überkommenen erfährt, ist er eine Figur des Übergangs. Er hat im fünften vorchristlichen Jahrhundert, von etwa 470 bis 399 in Athen gelebt und den politischen Aufstieg und Niedergang seiner Stadt erfahren. Er bildete seine eigene Gesprächskunst in der Auseinandersetzung mit den Intellektuellen seiner Zeit, den Sophisten. In ihm verbindet sich deren geistige Unruhe, ihr Zweifel am Überkommenen mit dem Bestreben, im Denken neue Orientierung zu finden. Das Denken des Sokrates steht zwischen Nicht-mehr und Noch-nicht; es bleibt bezogen auf das, woraus es ist, und hat sich noch nicht zu einer fraglosen, in sich beruhigten Gestalt ausgebildet. So verkörpert sich in Sokrates ein philosophisches Anfangen.

Dieses Anfangen ist kein historischer Beginn. Weil die Philosophie wesentlich im Fragen besteht, läßt sie das Anfangen nicht hinter sich; wer philosophiert, erfährt immer den Verlust der Selbstverständlichkeit und versucht, zum ausdrücklichen Verstehen zu finden. Entsprechend ist die Bezugnahme auf Sokrates oft mehr als historische Reminiszenz. Für Sören Kierkegaard, Friedrich Nietzsche, aber auch für Karl Popper ist in der Gestalt des Sokrates die Philosophie selbst gegenwärtig; Sokrates ist hier die Gestalt der Philosophie überhaupt, das Urbild des Philosophen.

Darum läßt Sokrates sich auch nicht wie jeder andere Philosoph behandeln. Selbst die größten der anderen Denker begegnen nicht so wie er; sie treten hinter ihrem Denken zurück, wie sehr man auch dem, was von ihrem Leben und ihrem Charakter überliefert ist, Sympathie oder Antipathie entgegenbringen mag. Gewiß können auch andere Denker zum Bild der Philosophie werden – wie Menschen generell zum Bild der Sache, für die sie eingestanden sind; wenn Thomas von Aquin in seinen Kommentaren Aristoteles schlicht „philosophus" nennt, schwingt etwas davon mit. Aber *der* Philosoph ist Aristoteles für Thomas darum, weil die Aristotelische Philosophie für ihn *die* Philosophie ist. Bei Sokrates hingegen ist das, was er sagt, immer zurückgebunden an sein philosophisches Leben, an seine Person.

Die Bindung des Sokratischen Denkens an die Person erweist sich auch darin, daß Sokrates nichts geschrieben hat. Sein Philosophieren vollzog sich im Dialog, im lebendigen Gespräch, und dem entspricht die Weise, in der uns von Sokrates überliefert ist. Keiner derer, die bei Sokrates lernten, hat einfach nur seine Lehrmeinungen gesammelt. Vielmehr ist es die Erinnerung an sein Denken in Rede und Gegenrede, in Frage und Nachfrage; es ist die literarische Inszenierung des Gesprächs, durch welche wir einen Eindruck von Sokrates haben. Die Schüler und Verehrer des Sokrates haben die Gespräche ihres Lehrers in mehr oder weniger dichterischer Form dargestellt und nachgebildet.

Für das Bild, das man sich heute von Sokrates noch machen kann, gibt es in der Hauptsache zwei Quellen: Die Dialoge Platons und die auf Sokrates bezogenen Schriften Xenophons. Auch Xenophon hat Dialoge geschrieben; doch wichtiger sind die *Memorabilia*, Schilderungen sokratischer Gespräche in der Form der Erinnerung, die aber höchstwahrscheinlich zum größten Teil aus anderen literarischen Quellen schöpfen. Man weiß, daß es eine Vielzahl literarisch gestalteter Sokrates-Dialoge gegeben hat; von ihnen sind nur Fragmente erhalten. Die Schüler des Sokrates, zu denen außer Platon und Xenophon auch Aischines, Antisthenes, Hermogenes und Phaidon gehörten, haben mit den sokratischen Dialogen allem Anschein nach sogar eine eigene literarische Gattung etabliert (vgl. Arist. Poet. 1447b 9).

Zum Bild des Sokrates trägt außerdem eine Komödie des Aristophanes, *Die Wolken*, bei, sofern auch Karikaturen zum Bild eines Menschen beitragen und dafür, wie er verstanden wurde, aufschlußreich sind. Hilfreich ist schließlich, was Aristoteles an etlichen Stellen seiner Schriften zu Sokrates bemerkt. Aristoteles hat Sokrates zwar selbst nicht mehr gekannt, und was er zu ihm zu sagen hat, ist meist zu knapp, als daß es für sich allein hinreichen könnte. Aber die Bemerkungen des Aristoteles erlauben es, das Platonische Bild manchmal schärfer zu fassen; auch sind sie oft als Korrekturen an diesem Bild verstanden worden.

Die entscheidende und in der Forschung immer wieder diskutierte Frage ist allerdings, wie man die beiden Hauptquellen werten soll. Sokrates, wie er bei Platon und bei Xenophon erscheint, ist zwar durchaus als derselbe erkennbar – selbst in der Karikatur, die Aristophanes in den *Wolken* gibt, treten Züge hervor, die sich bei den beiden anderen Autoren wiederfinden lassen. Doch weichen die Darstellungen Platons und Xenophons auch nicht unbeträchtlich voneinander ab. Deshalb muß man sich überlegen, wie man vorgehen will: Soll man sich an den Sokrates Xenophons halten oder den Darstellungen Platons folgen? Oder ist es möglich, aus dem Vergleich ihrer Schriften zu rekonstruieren, wie Sokrates selbst gewesen ist und gedacht hat?

Was die erste Frage angeht, so gibt es zunächst keinen Grund, das Spektrum der Zeugnisse, die man hat, zu beschränken. Warum sollte man weniger Quellen nutzen als man hat? Doch wenn man so denkt, hat man bereits eine Vorentscheidung getroffen: Das Plädoyer dafür, beide Hauptquellen zu berücksichtigen, hat nur Sinn, wenn es einem um die Frage nach dem historischen Sokrates zu tun ist.

Die Frage ist durchaus berechtigt; es dürfte nicht leicht sein, sie als unbeantwortbar zurückzuweisen, ohne die Möglichkeit historischer Forschung überhaupt zu bezweifeln. Denn bei jedem Versuch zu sagen, wie etwas gewesen ist, greift man auf Zeugnisse, auf Schriftstücke oder mündliche Berichte zurück, und so gut wie nie ergeben diese ein eindeutiges Bild. Jeder Historiker steht vor der Aufgabe, die verschiedenen Quellen in ihrem Verhältnis zueinander zu bestimmen, ihre Bedeutung abzuwägen und ein Bild zu zeichnen, das eine der Quellen für sich und auch ihre bloße Summierung nicht ergibt. Deshalb ist die Verschiedenheit der Quellen noch nicht einmal von Nachteil, sondern führt am Ende zu einem facettenreicheren Bild.

Trotzdem ist damit noch nicht entschieden, wie man es mit der Frage nach dem historischen Sokrates halten soll. Um hier zu einer Entscheidung zu kommen, sollte man sich in der Form eines Gedankenexperiments fragen, was wir eigentlich von Sokrates denken würden, wenn keiner der Platonischen Dialoge erhalten geblieben wäre und wir ebenso wenig die Hinweise bei Aristoteles hätten. Gewiß hielten wir ihn immer noch für eine interessante Figur des Athener Lebens im fünften Jahrhundert, aber das wäre vermutlich auch alles. Es ist sogar die Frage, ob wir dann einen Denker wie Anaxagoras nicht sogar wichtiger nehmen würden – von Parmenides und Heraklit stünde das außer Zweifel. Die Schriften Xenophons hätten die Wirkung der Platonischen Schriften niemals entfalten können.

Durch Platon also hat die Gestalt des Sokrates philosophisch kaum überschätzbare Bedeutung gewonnen. Denn die Wirkungsgeschichte des Sokrates ist die Wirkungsgeschichte Platons – und auch die Zeugnisse des Aristoteles gehören zu dieser Wirkungsgeschichte, wo man sie als Ergänzung oder Korrektur Platonischer Texte versteht. Sokrates als Philosoph ist der Platonische Sokrates, und das liegt nicht nur daran, daß in den Platonischen Texten die Gedanken, die man Sokrates zuschreiben kann, in einer Prägnanz hervortreten, wie es bei Xenophon eigentlich nie der Fall ist. Zumindest was Sokrates betrifft, ist Platon außerdem der entschieden bessere Schriftsteller: Die Gespräche, in die verwickelt man Sokrates bei Platon antrifft, sind in ihrer lebendigen Dramaturgie, in ihrem Witz und Tiefsinn, in ihren subtilen Hinweisen und Anspielungen, in ihrer Sprachkunst Meisterwerke der Weltliteratur.

2. Platons Bild

Wenn man auf Platon verwiesen ist, um Sokrates zu verstehen, ist die entscheidende Frage, an was in Platons Werk man sich halten kann. Die schlichte Antwort lautet: an Sokrates selbst. Sokrates ist die Hauptfigur im Spiel der Platonischen Dialoge, und Platon ist nicht Sokrates, genauso wenig, wie Shakespeare Hamlet und Schiller Wallenstein ist. Sokrates ist auch nicht Platon, weil kein Dramatiker eine Figur glaubwürdig zeichnen und nur sich selbst meinen kann; das Sokrates-Bild bei Platon ist zu unverwechselbar, zu plastisch, als daß man es für eine philosophische Maske des Autors halten könnte – warum sollte Platon eine solche Maske überhaupt nötig haben?

Aber nicht alles in Platons Texten ist Darstellung des Sokrates und des Sokratischen Denkens. Um zu klären, wo hier die Grenze zu ziehen ist, empfiehlt sich zunächst ein genauerer Blick auf den Weg, den der bedeutendste Sokrates-Forscher neuerer Zeit, Gregory Vlastos, eingeschlagen hat. Denn auch Vlastos vertritt die Überzeugung, Platon habe das beste Bild des Philosophen Sokrates gezeichnet.

Dennoch meint Vlastos, in Platons Dialogen zwei streng voneinander zu unterscheidende Sokrates-Figuren nachweisen zu können. Um den echten Sokrates von jenem zu trennen, der nur als Sprachrohr Platonischer Gedanken fungiert, entscheidet sich Vlastos für einen Weg, den auch schon andere vor ihm beschritten haben (zur Forschungsgeschichte vgl. Patzer): Nur die nach der üblichen Chronologie frühen Dialoge Platons nimmt Vlastos als authentische Sokrates-Darstellungen in An-

Abb. 1: Platon (Glyptothek München)

spruch; die Dialoge aus der mittleren und erst recht aus der späten Schaffensperiode Platons hingegen stellen Sokrates nurmehr als Platoniker vor. Wie diese Unterscheidung genauer zu treffen ist, faßt Vlastos in zehn Thesen zusammen (Vlastos, S. 47–49), die zugleich einen ersten Eindruck von den Themen vermitteln, auf die man sich einläßt, wo man nach der Figur des Sokrates fragt:

1. Der echte Sokrates ist ausschließlich Moralphilosoph. Platons Sokrates hingegen ist außerdem noch Metaphysiker und Erkenntnistheoretiker, Wissenschaftstheoretiker und Sprach-

philosoph, Religionsphilosoph und Erziehungstheoretiker und Kunstphilosoph.

2. Platons Sokrates hat eine großartige metaphysische Theorie für sich existierender Ideen und einer abtrennbaren Seele, die ihr Wissen erwirbt, indem sie Momente aus ihrem vorgeburtlichen Wissen erinnert. Der echte Sokrates hat eine solche Theorie nicht.

3. Der echte Sokrates sucht zu erkennen, indem er andere widerlegt und sagt immer wieder, daß er selber nichts weiß. Platons Sokrates sucht nach ausgewiesenem Wissen und vertraut darauf, daß er es auch findet.

4. Der Platonische Sokrates entwickelt das Konzept einer dreifach gegliederten Seele. Davon weiß der echte Sokrates nichts.

5. Der Platonische Sokrates beherrscht die mathematischen Theorien seiner Zeit. Der echte Sokrates zeigt daran kein Interesse und erweist sich überhaupt nie als ein Sachverständiger.

6. Der echte Sokrates hat eine populistische, der Platonische eine elitäre Konzeption der Philosophie.

7. Der Platonische Sokrates hat eine ausgearbeitete Theorie des Politischen, in welcher die Demokratie nur noch durch die gesetzlose Tyrannei in ihrem problematischen Charakter überboten wird. Eine solche Theorie hat der echte Sokrates nicht. Sondern bei aller Kritik an den herrschenden Zuständen im Athen seiner Zeit spricht er sich zugunsten der demokratischen Athener Ordnung aus, ohne das im einzelnen zu begründen.

8. Der Platonische Sokrates findet für seine homoerotischen Neigungen einen metaphysischen Grund, indem er denkt, daß Eros im wesentlichen die Hingezogenheit zur Idee des Schönen ist.

9. Für den echten Sokrates liegt Frömmigkeit darin, einer Gottheit zu dienen, die radikal ethisch in sich selbst und ihren Forderungen gegenüber den Menschen ist. Der Platonische Sokrates sieht das Wesen des Religiösen in der Gemeinschaft mit göttlichen, aber unpersönlichen Formen; diese Frömmigkeit ist mystisch und wird in der Kontemplation vollzogen.

10. Der echte Sokrates ist ein kritischer Denker, dem es darum geht, moralische Wahrheit in der Widerlegung seiner Ge-

sprächspartner zu verfolgen. Der Platonische Sokrates ist ein didaktischer Denker, der seinen zustimmenden Gesprächspartnern Wahrheiten offeriert. Nach dem kritischen Zwischenspiel des *Parmenides*-Dialogs macht er im *Theaitetos* einen neuen Anfang, indem er „maieutisch" anderen zur Einsicht verhilft.

Hier sind alle klärungsbedürftigen Aspekte des Sokrates versammelt. Aber wirklich des echten? So plausibel vielleicht klingt, was Vlastos behauptet – keine der von ihm getroffenen Unterscheidungen läßt sich halten; Sokrates ist viel „platonischer" als Vlastos glaubt. Diese Behauptung läßt sich natürlich nur durch die Darstellung im einzelnen begründen. Doch indem man sich jetzt schon einige Schwierigkeiten des von Vlastos gewählten Ansatzes klarmacht, kann man die Richtung einer alternativen Darstellung absehen.

Als erstes sollte man dazu die für den Ansatz von Vlastos grundlegende Unterscheidung zwischen den frühen und mittleren Dialogen ein wenig genauer betrachten. Als frühe Dialoge versteht Vlastos: *Die Apologie des Sokrates*, *Charmides*, *Kriton*, *Euthyphron*, *Gorgias*, *Hippias minor*, *Ion*, *Laches*, *Protagoras*, *Politeia I*. Als mittlere Dialoge gelten: *Kratylos*, *Phaidon*, *Symposion*, *Politeia II-X*, *Phaidros*, *Parmenides*, *Theaitetos*. Nur die als früh angesehenen Platonischen Dialoge müßten sokratisch sein, während die meisterhaften, aber elitären Variationen erst später beginnen. Doch das ist keineswegs eindeutig der Fall: Zwar sind die frühen Dialoge wirklich auf Sokrates konzentriert; doch nehmen die späteren Dialoge nicht nur Themen der früheren auf, sondern die früheren enthalten auch schon Themen und Fragestellungen, die Vlastos als typisch platonisch und entsprechend als unsokratisch versteht. So führt schon der von Vlastos als früh gelesene *Euthyphron* terminologisch und sachlich die Ideenlehre mit solchem Nachdruck ein, daß man dies entweder als eine frühe Platonische Zutat ansehen oder plausibel machen muß, hier sei mit den Ideen noch etwas ganz anderes als später gemeint (vgl. auch Guthrie IV, S. 101 f.). Vlastos entscheidet sich für das letztere, und damit gesteht er immerhin zu, daß es so etwas wie eine Sokratische Ideenlehre gibt. Das läßt die Kluft zwischen Sokrates und Platon schon schmaler werden. Vor allem aber wird man nicht mehr ohne weiteres behaupten können, daß Platon mit der ausgearbeiteten Ideenlehre der mittleren Dialoge das Denken seines Lehrers vollkommen verfälscht. Forscher wie John Burnet und Alfred E. Taylor, die von einer Sokratischen Ideenlehre gesprochen hatten und dafür heftig kritisiert worden waren, sind damit ein Stück weit rehabilitiert.

Ebenso wichtig ist jedoch eine andere Schwierigkeit des Versuchs, allein aus Platons frühen Dialogen ein überzeugendes Sokrates-Bild zu gewinnen. Man kann nämlich nicht gut bestreiten, daß einige der mittleren Dialoge ein sehr viel plastischeres, sehr viel lebensvolleres und derart auch genaueres Bild zeichnen; ja, ein unbefangener Leser Platons denkt sogar wohl zunächst an diese Texte, wenn es um eine Vorstellung von Sokrates geht. Auf jeden Fall gilt das für den *Phaidon*, in dem Sokrates in den letzten Stunden seines Lebens dargestellt wird; es gilt für das ebenso wunderliche wie tiefsinnige Portrait, das Alkibiades im *Symposion* entwirft; und es gilt auch für den *Phaidros* mit seinem Bekenntnis zur Gesprächsgebundenheit des Philosophierens und der Kritik an Schrift und Buch.

Fragt man nach dem Bild des Sokrates in den Platonischen Dialogen, muß man also berücksichtigen, daß Sokrates für den Leser umso deutlicher hervortritt, je mehr Platon ihn ausdrücklich darstellt und nicht nur im Gespräch agieren läßt, wie er es in den als früh angesehenen Texten bevorzugt. Warum sollte Platon ein solches Bild gerade dort zeichnen, wo es ihm doch angeblich nurmehr um die eigene Philosophie geht? Im Gegenteil: Mit der Steigerung der literarischen Kunst, die etwa am *Phaidon* und am *Symposion* gegenüber dem *Laches* oder dem *Charmides* für jeden verständigen Leser offenbar ist, steigert sich die Überzeugungskraft und Glaubwürdigkeit des literarischen Bildes.

Dagegen könnte man einwenden, den mittleren Platonischen Dialogen dürfte man nicht trauen, eben weil sie viel literarischer sind. Doch das ist eine wunderliche Meinung von der Literatur: Sollte Tolstois Bild von Napoleons Krieg gegen Rußland „unwahrer“ sein, weil es lebendiger, weniger dürr ist als das Bild eines beliebigen Geschichtsbuchs? Ist Fontanes Schilderung des preußischen Landadels wirklich dem unterlegen, was sich aus Statistiken, Rechnungsbüchern und anderen Quellen rekonstruieren läßt? Oder erscheint nicht das Wirkliche umso wirklicher, je weniger es einfach nur wirklich ist oder als wirkliches vorgespiegelt wird? Hans-Georg Gadamer hat das in seinem Aufsatz *Plato als Porträtist* auf den bündigen Satz gebracht: „Es gibt nur Idealporträts." Und zur Erläuterung fügt er hinzu: „Es gibt nur den einen idealisierenden Blick, durch den das Vorüberziehende, Ephemere eines in Bildung begriffenen oder eines verfallenen Gesichtes oder gar die Erscheinung einer ganzen Figur sich zur bleibenden Gestalt erhebt. Da ist nicht ein – auch nicht ein ‚fruchtbarer' – Augenblick festgehalten. Alles ist mit da, was davor und was danach kam, und eine ganze Lebensgeschichte wird ‚erzählt', wie sie das Auge des Künstlers herausliest." (Gadamer 7, S. 233) Je entschiedener eine Darstellung literarisches Kunstwerk ist, desto mehr kann sie auch Darstellung sein.

Wer solchen Einsichten folgt, liefert sich nicht der Willkür literarischer Erfindungen, dem übermalenden Eigensinn des Künstlers und Philosophen Platon aus. Folgt man Platon auch dort, wo jemand wie Vlastos ihm nicht mehr zu folgen bereit ist, wird Sokrates trotzdem nicht zu einer bloß literarischen, bloß fiktiven Figur. Man behält nicht nur Platon übrig und hat auf Sokrates verzichtet, so daß man nun auch gezwungen wäre, alles, was Platons Sokrates sagt, dem echten Sokrates zuzuschreiben oder resignierend das Bild des Sokrates im literarischen Spiel Platons aufgehen zu lassen. Im Gegenteil: Man kann der literarischen Kunst Platons vertrauen, weil Platon selbst deutlich macht, wo die Grenzen des Sokrates sind – man muß Platon nur genau genug lesen. Das Bild des Philosophen, wie Platon es zeichnet, hat deutliche Konturen auch darin, daß bestimmte Themen und Erörterungen, bestimmte Denkweisen als unsokratisch gekennzeichnet werden.

Verfolgt man diese einschränkenden Charakterisierungen genauer, hat man die Chance, das Bild des Sokrates gleichsam von außen zu begrenzen. Doch das kann natürlich nicht alles und erst recht nicht das Wichtigste sein. Wichtiger sind die positiven Charakterisierungen, und was diese angeht, sollte man sich zunächst an einen Text halten, in dem Sokrates ausdrücklicher noch als in anderen die Hauptfigur ist: die *Apologie*, die mit vollem Titel *Apologia Sokratous*, die Verteidigung des Sokrates, heißt und Sokrates vorstellt, wie er sich während des Prozesses, der schließlich zu seiner Hinrichtung führte, rechtfertigt. Leo Strauss hat betont, es könnte kein Zufall sein, daß der Name des Sokrates nur in diesem Titel bei Platon vorkomme (Strauss 1978, S. 56; Strauss 1983, S. 38); zwar seien alle Platonischen Dialoge als Verteidigungen der Sokratischen Weise zu denken und zu handeln gemeint, doch die *Apologie* sei das Portal, durch welches man den Platonischen Kosmos beträte. Damit hat Strauss vielleicht im Hinblick auf Platon, gewiß aber im Hinblick auf Sokrates das Wesentliche getroffen: In der *Apologie* sind die Hauptmotive des Sokratischen Lebens und Denkens angesprochen; von ihr kann man sich auf die anderen Dialoge verweisen lassen, um sie selbst genauer zu verstehen.

Die Frage nach dem Unterschied zwischen dem echten und dem Platonischen Sokrates läßt sich also nicht gut beantworten, wenn man abstrakt versucht, die Lehren des Sokrates mit denen seines genialen Schülers zu vergleichen und sich dabei, durch fortwährendes Mißtrauen gelenkt, von den Texten Platons lösen will. Je genauer man sich an Platon hält, desto mehr wird man über Sokrates erfahren. Und weil man sich dabei zunächst an die *Apologie* halten sollte, muß man den Rahmen verstehen, in den alles gehört, was hier als Darstellung des Sokrates erscheint.

3. Der Rahmen der *Apologie*

Die *Apologie des Sokrates* erweckt zunächst den Eindruck eines Redeprotokolls. Kein Erzähler macht den Leser mit den genaueren Umständen der Verteidigungsrede vertraut; niemand berichtet aus eigener Zeugenschaft, was Sokrates gesagt hat, sondern Sokrates führt unmittelbar selbst das Wort. Man muß das als eine bewußte Entscheidung des Autors Platon verstehen.

Die Situation der Gerichtsverhandlung soll allein aus der Perspektive von Sokrates selbst gegenwärtig werden – die Ankläger und alle, die sonst während des turbulenten Geschehens gesprochen haben mögen, werden abgeblendet. Der Autor des Textes konzentriert alles auf Sokrates und tritt selbst zurück ins Geschehen, das zur Sprache kommt, indem er sich als einen der Zuhörer erwähnt (Apol. 33e-34a; 38b). Sokrates soll nur sich selbst darstellen. Die *Apologie* zeichnet sein Bild, indem sie es als Selbstbildnis präsentiert.

Wenn man den Text mit Leo Strauss wirklich als Portal zum Platonischen Kosmos verstehen kann, wird allein daran klar, wie wenig Platon seinen Lehrer nur als Sprachrohr für eigene Gedanken benutzt. Im Gegenteil ist es beispiellos, daß ein Philosoph von Platons Rang die Darstellung philosophischer Gedanken an die Person eines anderen, an diesen anderen unverwechselbaren Menschen bindet. Und wenn die *Apologie* dabei von besonderer Bedeutung ist, bindet Platon die Darstellung des Philosophierens insbesondere an das, was diesem Menschen mit seiner Anklage, Verurteilung und Hinrichtung geschehen ist.

Die *Apologie* und mit ihr der Prozeß gegen Sokrates bildet für den Zusammenhang der Platonischen Dialoge ein Zentrum, und das kommt in Platons literarischer Kunst auch zum Ausdruck; eine Reihe von Texten ist um die *Apologie* herum komponiert: Der *Euthyphron* beginnt damit, daß Sokrates wegen der gegen ihn angestrengten Klage zu Gericht geht; *Kriton* spielt nach der Verurteilung im Gefängnis und schildert den Versuch eines alten Freundes, Sokrates zur Flucht zu überreden; im *Phaidon* geht es um die Hinrichtung des Sokrates. Unmittelbar vor dem *Euthyphron* hat der später geschriebene *Theaitet* seinen zeitlichen Ort, kurz nach *Euthyphron* spielen *Sophistes* und *Politikos*. Im *Menon* trifft Sokrates auf Anytos, einen seiner späteren Ankläger; im *Gorgias* wird Sokrates deutlich gewarnt, daß es bei seiner Art des philosophischen Lebens und Denkens nicht gut mit ihm ausgehen werde. Und das berühmte Höhlengleichnis der *Politeia* schließlich verallgemeinert das Schicksal des Sokrates zu dem des Philosophen überhaupt. Die Verallgemeinerung des zugrundeliegenden besonderen Geschehens bestätigt jedoch dessen Bedeutung.

Der Prozeß gegen einen Mann ist zum Ursprung der späteren Philosophie geworden – genauer: der Prozeß und die Weise, in der sich der Mann während des Prozesses verhielt und in der er die Konsequenzen auf sich nahm. Doch das Verhalten ist ohne die Umstände des Prozesses nicht wirklich zu verstehen, und da die *Apologie* diese Umstände nicht aufklärt, sondern höchstens andeutet, sind einige Bemerkungen dazu angebracht.

Was die Klage gegen ihn angeht, so sind Sokrates wohl zumindest unter anderem seine Verbindungen zu Feinden der Athener Demokratie zum Verhängnis geworden, und das, obwohl er diesen keine politische Sympathie entgegenbrachte, wie er sich überhaupt von keiner politischen Gruppe und keinem Regime vereinnahmen ließ. Bei den Feinden, um die es hier geht, handelt es sich um die Gruppe der sogenannten dreißig Tyrannen, die im Jahr 404 die Herrschaft in Athen an sich brachte – weil von vielen das Bürgerrecht gemäß der Verfassung mißbraucht wurde, wie es in Platons *Siebtem Brief* heißt (Ep. 7, 324c). Die Herrschaft der dreißig Tyrannen war jedoch keinesfalls besser als die ihr vorausgegangene Demokratie; im Gegenteil schreckten die Tyrannen vor Morden an reichen Bürgern nicht zurück, die sie versuchten, für rechtens auszugeben – man kennt das von vergleichbaren Regimen aus jeder Zeit. Zu den Köpfen des Putsches gehörten Platons Verwandte Kritias und Charmides; sie standen auch in engem Kontakt zu Sokrates, und das brachte ihn vermutlich in schlechtes Licht, nachdem die Demokratie wieder etabliert worden war.

Wirklich erklärt ist die Anklage gegen Sokrates damit nicht. Zum einen verfuhren die Demokraten nach dem Sturz der dreißig Tyrannen besonnen und liberal, wie auch der *Siebte Brief* ihnen attestiert (Ep. 7, 325b). Eine politisch motivierte Anklage gegen Sokrates hätte gegen die von den Demokraten erlassene Amnestie verstoßen, und zudem hätte bekannt sein müssen, daß Sokrates sich geweigert hatte, mit den Tyrannen gemeinsame Sache zu machen. Es ist gut belegt, daß er sich weigerte, bei der Verhaftung eines Bürgers mitzuwirken, der ermordet werden sollte, und sich so in Gefahr brachte – erwähnt wird das in der *Apologie* (Apol. 32c), im *Siebten Brief* (Ep. 7, 324d-e) sowie in Xenophons *Hellenica* (Hell. 1.7.12–15) und in den *Memorabilien* (Mem. IV.4.4.). Hält man sich an die bekannten Fakten, dann ist am Ende die Antwort nicht unwahrscheinlich, die der *Siebte Brief* gibt: Die Anklage gegen Sokrates ging auf einen dummen Zufall zurück (*kata de tina tychen* / Ep. 7, 325b).

Jedoch zufriedengeben möchte man sich damit wahrscheinlich nicht. Der Anlaß mag ein dummer Zufall gewesen sein; der Grund war es wohl nicht, und wenn schon die politischen Umstände keinen einleuchtenden Grund für die Anklage erkennen lassen, bleibt immerhin noch die Möglichkeit, sie aus der Disposition der Ankläger verständlich zu machen. Es handelte sich nämlich nicht um einen Prozeß der Polis Athen gegen Sokrates. So etwas gab es nicht; auch öffentliche Klagen (*demosiai dikai* oder *graphai*) mußten von Privatpersonen eingebracht werden. Die *graphê* gegen Sokrates wurde von Lykon, Meletos und Anytos initiiert und getragen.

Der zuerst genannte Kläger fällt dabei kaum ins Gewicht; Meletos ist die exponiert agierende Figur, Anytos der einflußreiche Mann im Hintergrund. Denn selbst wenn Meletos keine bloße Marionette des Anytos war und er selbst für die Anklage verantwortlich gewesen wäre – seine Tat bekommt erst Gewicht dadurch, daß Anytos ihn unterstützt (zur Diskussion um diese Frage vgl. Brickhouse & Smith, S. 29).

Was zunächst Meletos betrifft, so wird er in der *Apologie* als Vertreter der Dichter genannt, während Anytos für die Handwerker und Lykon für die Redner oder Politiker steht. Meletos hat wohl in der Tat Tragödien geschrieben, doch wie wichtig das für sein Verhalten im Zusammenhang der Anklage ist, läßt sich nicht bündig entscheiden – unwahrscheinlich ist es jedenfalls, wie sich noch zeigen wird, nicht. Im *Euthyphron* wird der bärtige junge Mann mit langem, glattem Haar und Hakennase (Euthyphr. 2b) ein Unbekannter genannt. Wenn Sokrates ihn im Zuge seiner Verteidigungsrede in eine Art Kreuzverhör nimmt (Apol. 24c – 27d), wird deutlich, daß er der Sache, die er vertreten soll, bei weitem nicht gewachsen ist.

Anytos ist von anderem Format: der Besitzer einer Gerberei ist ein einflußreicher Mann in der Polis und, nach der sehr prägnanten Charakteristik im *Menon* zu urteilen, ein Bürger, dem eine nachhaltigere Intellektualisierung der Athener Jugend zutiefst suspekt ist. Das Ressentiment von Anytos richtet sich in erster Linie gegen die Sophisten. Daß Männer mit dem Anspruch auftreten, die für das politische und soziale Leben vorteilhaften Fähigkeiten und Haltungen lehren zu können, erfüllt ihn mit Mißtrauen. Die Fähigkeiten und Haltungen, aufgrund derer jemand ein trefflicher Bürger ist, die Tugenden also, vermitteln die Bürger nach der Überzeugung des Anytos ihren Söhnen am besten selbst (Men. 92e). Die *Apologie* zeigt, daß Meletos sich diese Überzeugung zu eigen gemacht hat (Apol. 24e).

Nun tritt Sokrates im *Menon* gerade nicht mit dem Anspruch auf, wie die Sophisten ein Lehrer der Tugenden zu sein. Im Gegenteil, Sokrates artikuliert sogar Skepsis hinsichtlich der Frage, ob Tugend überhaupt lehrbar ist. Doch wenn er diese Skepsis artikuliert, erregt er den Zorn von Anytos umso mehr, so daß dieser ihn warnt, er möge sich vorsehen (Men. 94e). Damit dürfte das entscheidende Motiv von Anytos bezeichnet sein, gegen Sokrates eine Klage anzustrengen: Sokrates stellt die politische Kompetenz der Bürger in Frage.

Sokrates und die Sophisten sind aber gewiß nicht die Ursache dafür, daß mit der unbefangenen Sittlichkeit in Athen etwas nicht mehr stimmt. Nach den Erdbeben schlägt man, wie Ernst Jünger einmal bemerkt hat, gern auf die Seismographen ein. Die Unsicherheit, in der Bürger wie Anytos sich befanden, hatte sich vielmehr schon im sechsten Jahrhundert vorbereitet und war von den sophistischen Intellektuellen eigentlich nur als solche benannt worden. Die nähere Berührung mit anderen Kulturen und die daraus abgeleitete Überzeugung, daß Sitten konventionell sind, also hier etwas gilt, was man woanders verabscheut und umgekehrt; die Fragwürdigkeit der traditionellen Adelsethik (Lesky, S. 387) in einer Demokratie, bei der, anders als in den repräsentativen Demokratien heute, jeder Bürger die Belange der Polis direkt mitentschied – das mögen die wichtigsten Gründe für die Verunsicherung der Bürger gewesen sein.

Außerdem war Athen zur Zeit des Prozesses gegen Sokrates in eine Krise geraten. Nach dem glanzvollen Aufstieg zur neben Sparta in Griechenland führenden Macht, nach einer ungeheuren Steigerung wirtschaftlicher und kultureller Möglichkeiten in der Perikleischen Zeit war der Glanz mit der Niederlage im Peloponesischen Krieg vergangen. Die Demokratie war erst seit kurzer Zeit wieder etabliert. Sokrates hatte all das miterlebt: Der Sohn des Steinmetzen Sophroniskos und der Hebamme Phainarete, war zu Beginn des Peloponesischen Krieges etwa vierzig Jahre alt. Wenn der um 428 geborene Platon sein Bild zeichnet, blickt er zugleich auf ein vergehendes Jahrhundert zurück.

Die tiefe Verunsicherung des öffentlichen Selbstverständnisses mag als Hintergrund für den Prozeß gegen Sokrates also eine Rolle gespielt haben; sie mag vielleicht das entscheidende Motiv für Anytos gewesen sein, als er den Prozeß gegen jenen Mann anstrengte, der allgemein als irritierend und wunderlich galt. Allerdings würde man Anytos wohl Unrecht tun, wenn man ihm unterstellt, es auf das Leben des Sokrates abgesehen zu haben. Er und seine Freunde wären wohl froh gewesen, wenn Sokrates die gegen ihn angestrengte Klage als Anlaß zur Flucht genommen oder wenigstens im Prozeß darum gebeten hätte, ins Exil geschickt zu werden. Wahrscheinlich wäre man sogar erleichtert gewesen, wenn Sokrates nach der Verurteilung geflohen und also, nach dem Bild des Dialogs, dem Rat seines Freundes Kriton gefolgt wäre. Anytos, sagt Sokrates in der *Apologie*, habe gemeint, am besten sei er gar nicht hierher, vor Gericht also, gekommen (Apol. 29c); und die Möglichkeit des Exils wird so ausführlich zurückgewiesen, daß Sokrates sie für eine Erwartung seiner Prozeßgegner gehalten haben wird.

Sokrates war dann aber kein Märtyrer des aufgeklärten Denkens, der von bornierten oder gar fanatisierten Bürgern auf legalem Weg beseitigt wurde. Dafür, daß es zum Prozeß gegen ihn kam, lassen sich Anytos und seine politischen Freunde gewiß verantwortlich machen. Aber sie waren wohl geprägt von einer allgemein in Athen herrschenden Denkweise und einer Einstellung zu Sokrates; in der *Apologie* weist Sokrates auf die vielen

Ankläger hin, die er viel mehr fürchtet als die Leute um Anytos (Apol. 17b); es sind die Verbreiter von Ressentiments, ohne welche Anytos und seine Freunde nicht so denken würden, wie sie denken. Kurzum, es herrschte ein geistiges Klima in Athen, das den Prozeß begünstigte, und es gab Leute, die bereit waren, gegen Sokrates aktiv zu werden. Doch für den tödlichen Ausgang ist nur einer allein verantwortlich: Sokrates.

Sokrates will nicht ins Exil. Denn er rechnet damit, woanders mit seiner Art zu denken und Gespräche zu führen, in ähnliche Schwierigkeiten zu kommen (Apol. 37d). Die *Apologie* und auch der *Kriton* geben Züge von Resignation, von Müdigkeit zu erkennen; Sokrates wollte dieselbe Mühe in fremder Umgebung nicht noch einmal, sich nicht auf ein Leben in einer fremden Stadt einstellen. Sicher, im Jahr des Prozesses und der Hinrichtung war Sokrates siebzig Jahre alt (Apol. 17d). Doch daß sein Alter für ihn nicht der eigentliche Grund war, in Athen zu bleiben und den Tod auf sich zu nehmen, geht aus etlichen Passagen der Platonischen Texte deutlich hervor. Es wäre nicht recht, sich der Vollstreckung des Urteils zu entziehen; es ist, wie es dann im *Phaidon* noch einmal heißt, „gerechter und schöner", für die Polis die von ihr angeordnete Strafe zu erleiden (Phdo. 99a). Ungerecht hingegen wäre es, den Ort zu verlassen, der einem gewiesen ist. Das gilt schon im Krieg und erst recht, wenn ein Gott der Anordnende ist und man auf sein Geheiß nicht aus der Ordnung zu weichen hat. Das nimmt Sokrates für sich in Anspruch; sein Philosophieren in Athen entspricht der Anordnung Apollons, des Gottes von Delphi, und da gilt es, weder den Tod noch anderes fürchtend, zu verharren (Apol. 28d-e).

Das entscheidende Motiv für den Tod des Sokrates ist also seine Frömmigkeit. Aus ihr versteht er selbst sein Philosophieren und seine Standhaftigkeit gegenüber den Versuchen der Athener, ihn auf möglichst unspektakuläre Weise loszuwerden. Frömmigkeit ist so am Ende auch der Grund für die eigentümliche Rolle, die Sokrates im politischen Leben Athens spielt. Die Frömmigkeit des Sokrates ist der Schlüssel zu seinem Verständnis.

II. Philosophische Frömmigkeit

1. Atheismus

Im Prozeß gegen Sokrates kommt die Bedeutung der Frömmigkeit nicht allein dadurch zur Geltung, daß Sokrates seine Bereitschaft, das Todesurteil auf sich zu nehmen, aus dem Gehorsam gegenüber Apollon begründet. Vielmehr gehört dies damit zusammen, daß Sokrates wegen Mißachtung der Götter angeklagt wurde. Aus der Spannung zwischen Sokratischer Frömmigkeit und dem Vorwurf, unfromm zu sein, bezieht der Prozeß gegen Sokrates seine eigentümliche Dramatik. Es ist auch die Dramatik der *Apologie*.

Die Anklage lautet in der bündigsten Formulierung bei Xenophon: „Sokrates tut Unrecht, indem er die von der Polis verehrten Götter nicht verehrt und andere, neue göttliche Wesen einführt; er tut außerdem Unrecht, indem er die jungen Leute verdirbt.“ (Mem. I.1.1.; ähnlich, nur in umgekehrter Reihenfolge Apol. 24b) Der erste Anklagepunkt war unter dem Gesichtspunkt des Rechts ohne Zweifel der gewichtigere. Um Sokrates loszuwerden, bediente man sich eines Vorwurfs, der nach überkommenen Vorstellungen schwer wog. Die von der Polis verehrten Götter nicht zu verehren, hieß nämlich, die Grundlagen der Polis selber in Frage zu stellen. In dem Kreuzverhör, das Sokrates mit seinem Ankläger Meletos in der *Apologie* führt, zeigt sich nicht nur, wie wenig dieser seiner Rolle gewachsen ist; ebenso tritt klar hervor, wie der erste Anklagepunkt genauer zu begreifen und zu bewerten ist.

Unter dem Vorwand, nicht recht zu verstehen, was man ihm vorwirft, bringt Sokrates seinen Widersacher als erstes zu der Behauptung, er, Sokrates, leugne die Existenz von Göttern überhaupt. Das steht in klarem Gegensatz zum Wortlaut der Anklage, und Meletos tut seiner Sache überhaupt keinen Gefallen, wenn er Sokrates mit einem anderen Denker vergleicht, dem Ähnliches vorgeworfen wurde: mit Anaxagoras. Anaxagoras denkt zwar in der Tat atheistisch, wenn er die Sonne einen Stein nennt, den Mond als Erde bezeichnet und so beide der Göttlichkeit beraubt. Doch damit hat Sokrates leichtes Spiel. Das Werk des Anaxagoras ist nicht verboten, sondern man kann seine Bücher für wenig Geld auf den Marktplatz kaufen (Apol. 26d-e). Weiß man außerdem, daß Anaxagoras vor seiner Anklage wegen Gottlosigkeit nur durch seinen Gönner Perikles bewahrt werden konnte, ist deutlich, wie sich die Zeiten geändert haben. Obwohl es keine Religionsfreiheit im modernen Sinne gab, ist die Anklage des Atheismus anachronistisch, und Sokrates kann ihr, wie es scheint, mit dem stärksten aller nur möglichen Argumente begegnen: Hätte er wirklich die Existenz der Götter geleugnet, wäre das nur ein weiteres und entsprechend wenig spektakuläres Beispiel für einen üblich gewordenen aufgeklärten Rationalismus gewesen. Wer beschuldigt wird, andere und neue göttliche Wesen eingeführt zu haben, kann außerdem noch nicht einmal des Atheismus schuldig sein.

Doch eben dadurch wird die Sache nicht besser. Das scheinbar radikalere Vergehen, der Atheismus, ist in Wahrheit längst nicht so provozierend wie das des Sokrates. Den unausdrücklichen Atheismus einer Naturforschung im Sinne des Anaxagoras kann man dulden, wo er mit den herrschenden Überzeugungen und Institutionen nicht weiter in Konflikt kommt; man kann ihn dulden, sofern er die Religion der Polis nicht angreift und derart das mehr oder weniger ernst genommene Selbstverständliche stört. Doch Sokrates greift die herrschende Religion wirklich an, statt sie nur unwichtig zu finden. Insofern ist der erste Anklagepunkt ohne jeden Zweifel berechtigt.

Davon kann Sokrates sich nicht entlasten, und am Ende will er das auch gar nicht. Zwar mildert er im Wortwechsel mit Meletos das Entscheidende ab, indem er sagt, die Einführung vermeintlich neuer göttlicher Wesen sei in Wahrheit mit den überkommenen und herrschenden Überzeugungen vereinbar: Wenn diese Wesen die Söhne von Göttern sind, schließt die Rede von ihnen ein, daß man an die Existenz der Götter glaubt und die

Götter verehrt (Apol. 27d-e). Aber die göttlichen Wesen, von denen Sokrates spricht, kommen in den traditionellen Vorstellungen so nicht vor.

2. Daimonion

Sokrates führt wirklich „neue göttliche Wesen" ein, und in Athen war das durchaus bekannt. Zumindest ein Fachmann auf dem Gebiet der religiösen Dinge weiß sofort, worum es sich handelt: Euthyphron, ein Wahrsager. In dem nach ihm benannten Dialog trifft er Sokrates auf den Stufen des Gerichtsgebäudes, das Sokrates gerade betreten will, um zu der gegen ihn eingebrachten Anklage Stellung zu nehmen. Als er hört, was der Inhalt der Anklage ist – der zweite Punkt bleibt hier ungenannt –, antwortet er: „Ich verstehe, Sokrates. Weil du immer sagst, das *Daimonion* sei Dir widerfahren." (Euthyphr. 3b) *„Daimonion"* ist das Adjektiv *„daimonios"* im Singular des Neutrums und heißt soviel wie „das Göttliche" , wobei nicht an die Gestalten der Götter, sondern an wunderbare, geheimnisvolle, an göttliche Kräfte zu denken ist. Die göttlichen Wesen, deren Einführung Sokrates vorgeworfen wird, heißen in der *Apologie* wie auch bei Xenophon *„daimonia"* , was die Pluralbildung desselben Wortes ist. Sokrates hat also immer von Göttlichem im Sinne göttlicher Kräfte gesprochen. Die „Söhne der Götter", von denen in seiner Entgegnung auf Meletos die Rede ist, heißen demgegenüber *„daimones"* – „göttliche Wesen" oder auch einfach nur „Götter". Man sieht, wie Sokrates sich nur verteidigen kann, indem er den zentralen Punkt, die eigentümlich blasse, eben neutrale Rede vom „Göttlichen" verhüllt.

Was dieses Göttliche, das *daimonion*, für ihn ist, beschreibt Sokrates in der *Apologie*, indem er es eine Stimme nennt, die er seit der Kindheit gelegentlich vernommen hat, und zwar immer nur, indem sie ihn von einem Entschluß oder einer Handlung abhielt (Apol. 31d). Noch deutlicher wird er nach seiner Verurteilung, um hervorzuheben, daß diese für ihn nicht ist, wofür die meisten sie halten würden: das größte nur denkbare Übel.

Denn weder beim Verlassen des Hauses am Morgen noch beim Betreten des Gerichts hielt ihn, wie Sokrates es jetzt nennt, „das Zeichen des Gottes" zurück (Apol. 40b).

Um genauer zu verstehen, was es mit dem Zeichen des Gottes, mit der inneren Stimme auf sich hat, muß man nicht, wie Guthrie es vorschlägt, die Psychologie oder die religiöse Erfahrung bemühen und derart philosophisch resignieren, weil dergleichen seltsame Dinge sich vernünftig ohnehin nicht behandeln lassen (Guthrie III, S. 84). Es reicht, eine Stelle aus der *Apologie* zu berücksichtigen, an der Sokrates sagt, das *daimonion* habe ihn immer davon abgehalten sich aktiv in die Politik zu mischen (Apol. 31c-d): „Denn wißt nur, ihr Athener, wenn ich schon vor langer Zeit unternommen hätte, mich um die politischen Dinge zu kümmern, wäre ich schon vor langer Zeit umgekommen und wäre weder euch noch mir selber von Nutzen gewesen" (Apol. 31d-e).

Dieser Gedanke ist Platon so wichtig, daß er in der *Politeia* noch einmal aufgenommen wird: Abstand von den politischen Angelegenheiten zu halten, ist gleichbedeutend mit der Möglichkeit der Philosophie; in der aktiven Politik findet man niemanden, mit dem zusammen sich dem Gerechten helfen läßt, so daß man entweder gezwungen ist, allein allen Wilden zu widerstehen oder mit ihnen gemeinsame Sache zu machen (Resp. 496c). In ersteren Fall geht der Philosoph zugrunde, im letzteren die Philosophie. In einer Welt der wilden Tiere, in einer Welt, die geprägt ist von Machtbesessenheit, Korruption, krankhaftem Ehrgeiz und Heuchelei, läßt Philosophie sich nur betreiben, indem man sich ruhig hält und das Seinige tut, „wie einer im Winter, wenn Staubwind und Regenschauer umhertreiben, sich unterstellt" (Resp. 496d). Ganz ähnlich heißt es auch schon in der *Apologie*, wer wahrhaft für das Gerechte streiten wolle, müsse, um sich auch nur kurze Zeit zu erhalten, ein zurückgezogenes, ein unpolitisches Leben führen (Apol. 32a) Durch das *daimonion* geschieht die Bewahrung der Philosophie; es ist, wenn man so will, für Sokrates der Instinkt, seiner philosophischen Sache treu zu bleiben. So ist das *daimonion* vergleichbar jener intuitiven Sicherheit des eigenen Wesens, dem Gefühl dafür, was zu einem selbst gehört und was einem unangemessen ist. Dieser Sicherheit, diesem Gefühl ist das *daimonion* jedoch nur vergleichbar, weil die Philosophie für Sokrates nicht seine, ihm selbst zugehörige Sache ist. Philosophie ist in erster Linie die Sache des Gottes – des delphischen Gottes, dem Sokrates sich verpflichtet weiß. Darum ist das *daimonion* ein göttliches Zeichen. Was das bedeuten soll, ist wieder in der *Apologie* gesagt, und die Passage, um die es dabei geht, bildet das Zentrum des Textes. Sokrates geht hier nämlich auf die Frage ein, was „seine Sache" ist; er gibt ein Bild seiner Philosophie.

3. Orakel

Philosophie ist „menschliche Weisheit" – vielleicht, wie Sokrates hinzufügt (Apol. 20d), und der Zusatz ist vollkommen berechtigt: Es ist eine Weisheit, zu der Sokrates auf ungewöhnliche Weise gelangt ist. Sein Freund Chairephon besuchte das delphische Orakel, um zu erfahren, ob jemand weiser als Sokrates sei. Die Pythia, die prophetische Priesterin des Orakels, bestritt das – Sokrates sei der Weiseste. Da Chairephon tot ist, verweist Sokrates auf dessen anwesenden Bruder, um die Wahrheit der Geschichte zu bestätigen (Apol. 21a). Daß sie wahr ist und Sokrates nicht bloß Scherz treibt (Apol. 20d), hat zentrale Bedeutung. Der Spruch des Orakels ist für Sokrates seine philosophische Legitimation und so auch die Erklärung dafür, daß er verleumdet wurde und sich vor Gericht verteidigen muß.

Die Wahrheit der Geschichte läßt sich natürlich nicht historisch überprüfen. Mehr noch als in anderer Hinsicht ist es müßig, danach überhaupt zu fragen. Die Insistenz auf ihrer Wahrheit gehört zum Portrait, wie Platon es zeichnet. Im Rahmen dieses Portraits aber muß die Geschichte vom Orakel wahr sein, weil sich ohne sie die eigentümliche Art des Sokratischen Philosophierens nicht verstehen läßt; unverständlich bleibt ohne sie auch der gedankliche Kern der Sokratischen Philosophie.

Wichtiger als der Spruch des Orakels für sich ist es dabei, wie Sokrates auf ihn reagiert: „Nachdem ich das gehört hatte, überlegte ich folgendes: Was sagt wohl der Gott und worauf deutet er mit seinem Rätsel hin? Ich weiß doch von mir, daß ich überhaupt nicht weise bin. Was also sagt er wohl, indem er mich den Weisesten nennt? Er täuscht doch zweifellos nicht, denn das ist nicht seine Art. Und lange war ich ratlos, was er wohl meint. Schließlich machte ich mich recht verzagt an eine Untersuchung der Sache. Ich ging zu jemand von denen, die für weise gehalten werden, um dort, wenn irgendwo, das Orakel prüfend zu widerlegen und als Orakelantwort zu verkünden: Dieser da ist weiser als ich – Du aber hast mich genannt." (Apol. 21b-c)

Die Uneindeutigkeit des Orakels, wie Sokrates sie betont, ist nicht außergewöhnlich, sondern gehört seinem Wesen an. Besonders prägnant ist das in einem Spruch Heraklits formuliert, wo es heißt, der Herr des Orakels zu Delphi tue nichts kund und verberge nichts, sondern gebe zu verstehen (Diels-Kranz, Frgm. B 93). Was durch die Stimme der Pythia spricht, hat weder den Charakter des Selbstverständlichen noch den des Unverständlichen, und gerade darin besteht seine Verbindlichkeit: Wo etwas zu verstehen gegeben wird, ist man der Autorität des Gesagten darin unterstellt, daß man sich selbst um Verständnis bemühen muß.

Man kann das auch in paradoxer Zuspitzung formulieren und sagen, daß Sokrates dem Orakel allein dadurch folgt, daß er ihm nicht glaubt – hätte er sich für den Weisesten gehalten, wäre der Spruch für ihn unwesentlich geblieben. Als ebenso paradox kann es erscheinen, daß der Zweifel gegenüber dem Spruch des Orakels auf einer Gewißheit gründet, die durch den Zweifel aufs Spiel gesetzt wird: Sokrates sagt, er wisse von sich, daß er nicht weise sei. Würde er sich mit diesem Wissen begnügen, müßte ihn das Orakel nicht kümmern; wo es ihn kümmert, verläßt er sich nicht mehr auf sein Wissen. Der Spruch des Orakels und das eigene Wissen entfalten ihren Sinn erst, indem sie in Frage gestellt werden.

Für sich genommen ist der Spruch des Orakels nicht rätselhaft, sondern von lapidarer Deutlichkeit; zum Rätsel wird er für Sokrates, weil er sich seiner selbst so sicher nicht ist, wie es den Anschein hat. Die Rätselhaftigkeit des Orakels liegt also

Abb. 2: Apollon, Olympia: Statue vom Westgiebel des Zeus-Tempels (Archäologisches Museum Olympia)

darin, daß Sokrates sich selber ein Rätsel ist. Aber das wiederum entdeckt er, indem ihm der Spruch als rätselhaft erscheint.

Die höchst eigentümliche Irritation, wie Sokrates sie beschreibt, wäre also nicht möglich, wenn der Spruch des Orakels und das Wissen von sich nur in der schlichten Alternative von „wahr“ oder „falsch“ erschienen. Die Frage, was der Gott sagen will, ist nicht bloß die klärende Voraussetzung dafür zu entscheiden, ob das, was er sagt, falsch oder richtig ist. Sie ist das

Entscheidende, weil mit ihr nach dem Wichtigsten gefragt ist: danach nämlich, was „Weisheit" eigentlich bedeutet. Wüßte Sokrates dies von Anfang an, er könnte den Orakelspruch nicht für rätselhaft halten. Was Weisheit ist, erfährt er nicht ohne den Spruch und nicht ohne sein Wissen von sich; doch er erfährt es nur dadurch, daß beides für ihn nicht zusammenstimmt und so den Prozeß des Fragens und Prüfens in Gang setzt.

So sehr dieser Prozeß durch die Autorität des Gottes geprägt ist, so sehr fordert Sokrates in ihm den Gott auch heraus. Die Autorität des Gottes hat ihren Grund darin, daß er nicht täuscht – denn das ist, wie Sokrates mit bemerkenswerter Sicherheit sagt, nicht seine Art. Trotzdem will Sokrates ihn widerlegen, und zwar auf denkbar radikale Weise: die Widerlegung des Orakels soll selber ein *chresmos*, eine Orakelantwort sein.

Was seine Einschätzung des Gottes betrifft, sollte man sich nicht mit der Auskunft zufriedengeben, Sokrates habe eben eine „moralische Theologie", deren oberster Grundsatz die vollkommene Güte der Götter behaupte (Vlastos, S. 162, 173). Daß der Gott nicht täuscht, heißt eben nicht, er sage die Wahrheit, sondern es heißt, daß seine Rede, noch einmal mit Heraklit gesagt, „weder offenbar macht noch verbirgt, sondern zu verstehen gibt". Hinter dem, was er sagt, ist keine andere Überzeugung und kein anderer Sachverhalt verborgen, der Gott hält nichts zurück, was er auch verdeutlichen könnte – seine Rede ist nur nicht auf Anhieb verständlich. Was sie meint, läßt sich nur erfahren, indem man sie zunächst ins Unrecht setzt.

Wenn Sokrates sich daran macht, das Orakel „prüfend zu widerlegen", so spricht daraus jedoch keine Selbstsicherheit; diese geht ja verloren, wo er sich auf den Orakelspruch einläßt und sein Wissen von sich in Zweifel zieht. Vielmehr ist der Versuch einer Widerlegung des Orakels die einzige Möglichkeit seiner Deutung. Hätte Sokrates eine Ahnung davon, was es heißen soll, daß er der Weiseste ist, könnte er versuchen, die Mehrdeutigkeit, die Undeutlichkeit des Gesagten Schritt für Schritt zu reduzieren; er hätte, wie vage auch immer, ein Ziel, auf das er sich forschend zubewegen könnte. Doch ein solches Ziel gibt es nicht, und also kann Sokrates sich dem Spruch des Orakels nur dadurch nähern, daß er das Gegenteil des Gesagten als wahr zu erweisen sucht: Jemand anderes muß der Weiseste sein. Könnte man diesen anderen identifizieren, wüßte man auch, was Weisheit ist.

Doch auch dieser Weg ist verschlossen, denn um einen anderen als den Weisesten identifizieren zu können, müßte man schon kennen, was man an ihm erst zu erfahren hofft; was Weisheit ist, müßte dann schon bekannt sein. Jetzt hat Sokrates nur noch den Weg offen, und es ist der Weg, den er tatsächlich beschreitet: Er muß sich an das halten, was man unter „weise" versteht und jemanden prüfen, der für weise gehalten wird, jemanden, der als weise erscheint. Die Erscheinung ist sein einziger Anhaltspunkt.

Auch das wieder ist nicht allein gegen den Spruch des Orakels gerichtet, sondern ebensosehr gegen das Wissen, wie Sokrates es von sich hat. Wenn Sokrates so fest davon überzeugt ist, nicht weise zu sein, hat er sich insgeheim an der Erscheinung der Weisheit orientiert. Erst wenn diese Erscheinung durchsichtig und als Orientierungsmarke unbrauchbar wird, kann sich, was eigentlich Weisheit ist, zeigen. Mit dem Spruch des Orakels bekommt das unmittelbare Selbstverständnis schon einen Riß: das Verständnis seiner selbst am Maß der Erscheinung verliert seine Fraglosigkeit. Doch muß Sokrates ausdrücklich fragen, um das Ereignis des Orakelspruchs einzuholen. Dieses ausdrückliche Fragen ist Philosophie.

Jetzt versteht man auch, was an der Philosophie im Sokratischen Sinne das Herausfordernde ist: Mit der Geschichte vom Spruch des delphischen Orakels und den ihm folgenden Auslegungsschwierigkeiten ist nicht weniger als ein neues, höchst eigentümliches Verhältnis zum Göttlichen etabliert. Mit dem Verhältnis des Sokrates zu seinem, dem delphischen Gott wird das Fragen und Denken zur eigentlichen Frömmigkeit. Philosophie ist „Dienst für den Gott" (Apol. 23c). Das kann man so lesen, als ob die Philosophie sich einfach der Frömmigkeit einordnet und hier bloß eine neue Variante darstellt; aber man kann auch die provozierende Pointe hören, daß Philosophie – und nichts anderes – Dienst für den Gott ist.

Warum das so sein soll, kann sich natürlich erst zeigen, indem man das Prüfen und Widerlegen, wie es im Philosophieren vollzogen wird, genauer betrachtet. Doch schon jetzt ist klar, warum die Sokratische Philosophie mit der üblichen Verehrung der Götter in Konflikt geraten konnte: Anders als die Naturforschung des Anaxagoras, die sich vom eingeführten Kult schlicht distanzierte und die in ihm artikulierten Vorstellungen sich selbst überließ, ist die Philosophie im Sokratischen Sinne darauf angelegt, diesen Kultus und die ihm zugehörigen Vorstellungen zu überbieten. Die Philosophie fordert im zwiefachen Sinne heraus: Sie tritt mit dem Anspruch auf, das Göttliche und die Frömmigkeit gegenüber einem zur Routine gewordenen Kultus wieder – oder sogar erst wirklich – ernst zu nehmen. Und ebenso gerät die Philosophie in Konflikt mit der überkommenen Weise, die Götter zur Sprache zu bringen; sie läßt sich auf einen Streit mit der Dichtung ein.

4. Dichtung

Berücksichtigt man, daß die maßgebliche Rede von den Göttern dichterisch war, so liegt eine Pointe darin, wenn Sokrates sich gleich zu Beginn des *Euthyphron* gegen die Unterstellung seines Anklägers Meletos wendet, er habe neue Götter erdichtet (Euthyphr. 3b). Ein Dichter kann und will Sokrates nicht sein, denn, wie es in der *Apologie* heißt, wie die Wahrsager und Orakelkünder sagen die Dichter zwar vieles, was schön ist, aber wissen nicht, wovon sie sprechen (Apol. 22c). Dichterische Rede entspringt der Begeisterung; sie hat nicht den Charakter von Prüfung und Widerlegung, ihr Ziel ist nicht das genauere Verständnis.

Man sollte diese Einschätzung nicht als eine Abwertung des nur Ästhetischen mißverstehen, gegen welches ein wissenschaftliches oder philosophisches Denken zur Geltung gebracht wird. Was man seit der Mitte des achtzehnten Jahrhunderts „ästhetisch“ nennt, gibt es für die Zeit des Sokrates nicht. Die Vorstellung des Unverbindlichen oder zumindest nicht wirklich Verbindlichen, die man oft mit dem Begriff des Ästhetischen verbindet, ist dem Verständnis von Dichtung, das Sokrates hat, vollkommen fremd. Im Gegenteil, der Vergleich mit den Wahrsagern und Orakelkündern macht deutlich, daß die Dichter mit beträchtlichem Autoritätsanspruch auftreten. Die beanspruchte Autorität wird ihnen auch allgemein zugestanden, und eben dies ist für Sokrates problematisch.

Was das genauer heißt, wird sehr schön in der *Politeia* deutlich, und zwar bereits im ersten Buch, das auch von den Verfechtern eines echten und unplatonischen Sokrates als sokratisch eingeschätzt wird. Im einer Gesellschaft junger Leute, die sich im Haus des reichen Kaufmannes Kephalos versammelt hat, fragt Sokrates den bejahrten Hausherrn nach den Vorteilen und Nachteilen des Alters, und Kephalos antwortet, gebildet und feinsinnig in aller Ernsthaftigkeit, indem er Sophokles und Pindar zitiert. Die Frage, ob Kephalos die Vorteile des Alters nicht nur aufgrund seines beachtlichen Reichtums genießt, führt zu der weitergehenden Frage, welche Vorteile der Reichtum hat. Kephalos beantwortet das, indem er sagt, als Reicher könne man gerechter sein, weil man zurückgeben könne, was man erhalten habe. Ob das denn Gerechtigkeit sei, will Sokrates wissen, und Polemarchos, des Kephalos Sohn, wirft darauf ein: „So ist es, Sokrates, wenn man denn dem Simonides glauben soll." (Resp. 331d) Der Spruchdichter Simonides wird hier als Autorität zitiert; die Berufung auf den Dichter ersetzt die sachliche Antwort.

Sehr bald erweist sich jedoch, daß die Autorität des Simonides nicht trägt, denn was er zur Gerechtigkeit sagt, ist nicht eindeutig; er spricht, wie Sokrates nach kurzer Prüfung feststellt, „auf poetische Weise in Rätseln" (Resp. 332b-c). Im zweiten Buch tritt dieses Motiv noch klarer hervor: Ein konfuses Gemurmel von Büchern erzeugen die Dichter, mit dem sie nicht nur einzelne Menschen, sondern ganze Gemeinschaften (*poleis*) überreden (Resp. 364e). Da findet sich niemand mehr zurecht, und weil die Dinge vertraut sind, wird es noch nicht einmal bemerkt.

Man fragt sich vielleicht, wie an den Dichtern kritisiert oder als problematisch empfunden werden kann, was dem Orakel zugestanden wird – der Vergleich zwischen den Dichtern und den Orakelkündern, wie Sokrates ihn zieht, läßt sich, so ernst wie er das Delphische Orakel nimmt, schließlich auch zum Vorteil der Dichter auslegen. Doch den Unterschied sieht man schnell: Das Orakel des delphischen Gottes überredet nicht. Sein zu verstehen gebender Spruch ist auf die Deutung verwiesen, wie Sokrates sie in der widerlegenden Prüfung zu geben versucht. Demgegenüber erweckt die Dichtung den Eindruck, klar oder zumindest sinnfällig zu sein, und verdeckt so ihre Deutungsbedürftigkeit. Die vielen schönen Dinge, wie sie dichterisch zur Sprache kommen, müssen in eigener Anstrengung erst verstanden sein. Für sich allein, wie die Dichter es wollen, kann die Dichtung nicht bestehen.

Dichtung vermittelt keine Einsicht und sieht doch so aus, als ob sie es täte – das und nur das ist für Sokrates an ihr problematisch. Wenn jemand sich auf das Deklamieren von Dichtung versteht wie der Rhapsode Ion in dem nach ihm benannten Dialog, so heißt das nicht, er verstünde auch etwas von den Dingen, die im Gedicht verhandelt werden. Wo das philosophisch durchschaubar wird, zeigt sich die Philosophie der Dichtung überlegen: sie deckt den Status dichterischer Rede auf und bekundet allein darin schon Einsicht – Einsicht, die der Dichtung fehlt.

Damit ist allerdings noch nicht die Überlegenheit der Philosophie in jeder Hinsicht erwiesen. Noch könnte es sein, daß die Dichtung die genannte Schwäche durch eine Stärke ausgleicht – durch jene Stärke, die im Vergleich der Dichter mit den Orakelkündern genannt ist. Eine Philosophie, welche die Deutungsbedürftigkeit des dichterischen Wortes durchschaut, könnte trotzdem auf die Dichtung verwiesen sein, weil der Dichter zur Sprache bringt, was Philosophen nur auslegen, in ihren begrifflichen Bestimmungen nur nachbuchstabieren können. Die wirklichen Dichter sind, wie Sokrates im *Ion* sagt, von Göttlichem erfüllt (*entheoi* /Ion 533e) und also im prägnanten Sinne des Wortes „begeistert". In ihnen, so könnte man denken, kommt deshalb das Göttliche eigentlich und wahrhaftig zum Ausdruck.

Das aber gilt für die Philosophie auch. Im Dienst für den Gott, welcher das Philosophieren für Sokrates ist, erweist sich die Begeisterung nur auf andere Weise – nüchterner zumeist und so, daß sie durchschaubar bleibt. Gelegentlich reden aber nicht nur die Dichter, sondern auch die Philosophen enthusiastisch, begeistert, und wundern sich dann über sich selber, weil sie nun wie aus dem Gefolge des Dionysos klingen. So zumindest geht es Sokrates am Ende des *Kriton*, nachdem er den Athener Gesetzen seine Stimme geliehen hat, um den Freund zu überzeugen, daß es richtig ist, auf die Flucht zu verzichten (Krit. 54d). So wie der Dichter Vermittler, Hermeneut der Götter ist (Ion 534e), ist der Philosoph hier der Hermeneut einer Wirklichkeit, die nicht bloß die der Polis Athen ist; er ist der Kundige einer Einsicht, die über menschliche Gesetzgebung und Politik hinausführt. „Wohlan, Kriton", so sagt Sokrates mit dem letzten Satz des Dialogs, „handeln wir also auf diese Weise, da uns hierin der Gott leitet." (Krit. 54d)

Wenn philosophisches Reden so verstanden werden muß, ist die Philosophie in der Tat an die Stelle der Dichtung getreten. Der Philosoph nimmt wahr, was Aufgabe des Dichters gewesen ist. Philosophie ist gegenüber der Dichtung nicht das andere, von ihr Verschiedene – sie ist dasselbe vollkommener, durchsichtiger, nachvollziehbarer. Und sofern dieser Anspruch aus den Reden des Sokrates herauszuhören war, sofern die Geschichte über das Orakel in der Verteidigungsrede den Anspruch Sokratischen Denkens und Redens nur noch einmal konzentriert, ist zu verstehen, wieso der – vielleicht nur mittelmäßige, auf jeden Fall aber noch junge und unarrivierte – Tragödiendichter Meletos dagegen aufgebracht war.

Doch vielleicht hat er im Grunde ja recht gehabt, und der Anspruch, wie Sokrates ihn für die Philosophie und gegen die Dichtung erhebt, ist anmaßend und haltlos. Das Bessere gegenüber der Dichtung kann die Philosophie nur sein, wenn die Orientierung an den Dichtern in die Irre führt und so wirklich schadet. Daß es so ist, wird im *Euthyphron* am Extremfall gezeigt.

5. Fromme Praxis

Sokrates trifft hier einen Fachmann in Sachen Frömmigkeit. Der Wahrsager Euthyphron dürfte kaum als Repräsentant der Athener Priesterschaft gelten (zur Diskussion vgl. Guthrie IV, S. 103); dazu ist er als Figur zu bizarr gezeichnet, und dazu paßt es auch nicht, daß er sich gleich zu Anfang schon mit Sokrates einig erklärt und beklagt, daß er so wenig geschätzt und ernst genommen wird; man verlacht ihn, wenn er die Zukunft deutet, als einen Verrückten, und also hat er mit seinem Götterverhältnis ähnliche Schwierigkeiten wie Sokrates, dem man die Erdichtung neuer göttlicher Wesen vorwirft (Euthyphr. 3b). Die wahre Frömmigkeit, wie sie von ihnen beiden verkörpert wird, so möchte Euthyphron seinem Gesprächspartner suggerieren, ist den Bürgern verhaßt; also darf man sich um die Bürger nicht kümmern und muß zusammenhalten (Euthyphr. 3c).

Es zeigt sich allerdings schon recht bald, welch geringer Erfolg dieser anbiedernden Solidarität beschieden ist, und dabei tritt hervor, wie traditionelle Vorstellungen am Extrem Euthyphrons nur umso wirksamer darzustellen sind. Die Vorstellungen von der Frömmigkeit, wie Euthyphron und Sokrates sie haben, gehen weit auseinander, und zwar vor allem, weil Sokrates nicht verstehen will, wie Euthyphron vor Gericht ziehen kann, um den eigenen Vater wegen Totschlags zu verklagen. Der spektakuläre Anlaß deckt am Ende nur auf, daß es sehr übliche und sehr problematische Vorstellungen sind, die Euthyphron so handeln lassen.

Was zunächst den spektakulären Anlaß betrifft, so kann man Euthyphron zugute halten, daß seinem Verhalten wohl ein nicht ganz unverständliches Motiv zugrunde liegt. Traditionsgemäß war es so, daß nach einem Tötungsdelikt gleich welcher Art, die ganze Familie des Täters als befleckt galt (Guthrie IV, S. 109), und so muß die Anzeige gegen den eigenen Vater als Versuch verstanden werden, die Familie – und sich selbst – von der Schande freizumachen (Euthyphr. 4c). Aber was Sokrates entsetzt, ist weniger die Situation als solche, als vielmehr die bornierte Sicherheit, in der Euthyphron sie bewältigen möchte. Euthyphron ist sich der Kriterien, nach denen er sein Verhalten rechtfertigen kann, allzu gewiß; es sind starre Regeln, auf die er sich beruft, wenn er sagt, es mache keinen Unterschied, ob der Getötete ein Fremder oder Verwandter sei – es zeigt sich recht bald, daß es ein überführter Totschläger ist –, und ebenso gleichgültig sei das im Hinblick auf den Täter. Mit ähnlicher Sicherheit beruft er sich zur Rechtfertigung auf das Verhalten des Zeus gegenüber seinem Vater Uranos und nennt das noch einen wichtigen Beweis (Euthyphr. 5e-6a).

Als der Grund für Euthyphrons Selbstgerechtigkeit kommt ein Verständnis von Frömmigkeit zum Vorschein, das letztlich am Modell des Handels orientiert ist, so daß Sokrates sie unter Zustimmung seines Gesprächspartners geradezu eine Handelskunst nennen kann (Euthyphr. 14e): Frömmigkeit ist das die Götter betreffende Wissen von Geben und Erbitten (Euthyphr. 14d). Dieses Ergebnis aber darf man nicht bloß der bornierten Eigenart Euthyphrons zuschreiben. Denn ganz ähnlich redet der über jeden charakterlichen Zweifel erhabene Kephalos im ersten Buch der *Politeia*: Ein Vorteil des Reichtums ist es, keinem Gott die Opfergaben schuldig zu bleiben (Resp. 331b); dazu fügt sich, daß Kephalos die Gesprächsrunde bald darauf verläßt, um zum Opfer zu gehen (Resp. 331d).

Wie Sokrates im *Euthyphron* zeigt, liegt das Problematische dieser Auffassung darin, daß sie das Wesen der Frömmigkeit zu fassen versucht, indem sie sich auf das Verhältnis der Götter zur Frömmigkeit bezieht. Dann würde die Frömmigkeit von den Göttern nicht geliebt, weil sie Frömmigkeit ist, sondern daß sie von den Göttern geliebt wird, wäre ihre Bestimmung als Frömmigkeit (Euthyphr. 11a-b). In bemerkenswerter Weise ist hier durch Sokrates – oder seinen Portraitisten – die Unterscheidung zwischen Wesen und Eigenschaft, Essenz und Akzidenz vorweggenommen, die später im Zentrum der Aristotelischen Ontologie stehen wird; bemerkenswert ist das nicht zuletzt, weil Sokrates hier auch schon den von Aristoteles aufgenommenen und mit „Wesen" übersetzbaren Begriff *„ousia"* verwendet.

Um die ontologische Unterscheidung geht es hier freilich nicht in erster Linie. Sie steht nur im Dienst des Gedankens, daß man alles Mögliche für fromm ausgeben kann, wenn man als Kriterium die Zustimmung der Götter einführt. Euthyphron selbst ist dafür das Beispiel. Seine überkommenen Vorstellungen, nach denen die Götter uneinig sind, machen es unmöglich, ein einheitliches Verständnis von Frömmigkeit festzuhalten (Euthyphr. 8e); und selbst, wenn fromm ist, was alle Götter lieben (Euthyphr. 9e), bleibt die Schwierigkeit bestehen, daß man die Überzeugung und den Willen der Götter erforschen muß, um selber fromm sein zu können.

Dazu ist Euthyphron allein schon aufgrund seiner gedankenlosen Bindung an die überkommenen Vorstellungen außerstande. Und es ist die Frage, ob eine Überprüfung der Götter möglich wäre, ohne daß man in ihr, willentlich oder unwillentlich, Vorstellungen bestätigt, die man bei den Dichtern kennengelernt hat. Die Orientierung an den in der Dichtung artikulierten Vorstellungen von den Göttern und die Auffassung der Frömmigkeit nach dem Modell einer Handelskunst ergänzen einander in fataler Weise.

Die Lösung des Problems wird im Dialog nicht offen entwikkelt. Doch in welcher Richtung eine Lösung zu suchen wäre, läßt sich absehen, wenn Sokrates vorschlägt, das Fromme einen Teil des Gerechten zu nennen (Euthyphr. 12c). Nach dem Gerechten nämlich kann man fragen, ohne dabei auf die überkommenen Bilder der Götter verwiesen zu sein. Und mehr noch: Nach dem Gerechten zu fragen, ist selber im Sinne der Gerechtigkeit, wenn dabei ein zutiefst problematisches Verhalten wie dasjenige Euthyphrons ausgeschlossen wird. Wer nach dem Gerechten fragt, kann sich auf Konvention und Tradition nicht verlassen, sondern muß selbst entscheiden, was richtig zu tun ist. Insofern ist die Alternative zu den konfusen und weltblinden Orientierungen Euthyphrons ein „praktisches Wissen" (Gadamer 7, S. 106), das auch und gerade für die Frage nach der Frömmigkeit den Boden abgibt.

Doch Sokrates will nicht nur für solch ein praktisches Wissen plädieren und es der Borniertheit Euthyphrons entgegensetzen.

Er will noch nicht einmal bloß die eingespielten Vorstellungen im ganzen zu Bewußtsein bringen, um so darauf hinzuweisen, daß diese Vorstellungen auch dann nicht tragen, wenn sie eine schätzenswerte Lebensweise wenigstens zulassen, wie es bei Kephalos der Fall ist. Sokrates will nicht die Frömmigkeit am Ende zu einem Teil der Gerechtigkeit machen und so den traditionellen Kultus und die ihm zugehörigen Vorstellungen in Ethik aufheben. Sondern für ihn zeigt sich in der Frage nach dem Gerechten wahre Frömmigkeit. Daß das Gerechte dem Frommen unterstellt ist, bleibt die einzige im Dialog unerwogene Möglichkeit – gefragt wird nur, ob alles Gerechte fromm sei oder das Fromme ein Teil des Gerechten. Und das letztere bildet zwar den Ausgangspunkt für das weitere Gespräch, doch nimmt Sokrates es allein in der Form einer Voraussetzung auf: „Wenn das Fromme nämlich ein Teil des Gerechten ist..." (Euthyphr. 12d) Die Frage, was Frömmigkeit ist, bleibt offen. Weil Sokrates sich, wie er ironisch zusammenfaßt, darüber nicht belehren lassen konnte, muß er weiter aus Unwissenheit sich eigene, ungesicherte Gedanken machen und etwas Neues beginnen (Euthyphr. 16a). Er muß tun, weswegen ihn Meletos zwar mit falscher Beschuldigung, aber nicht zu Unrecht angeklagt hat: Philosophieren und dabei seine, die philosophische Frömmigkeit erweisen.

III. Philosophie

1. Prüfung des Wissens

Die Philosophie als Dienst für den Gott ist zunächst Prüfung des Wissens, denn Sokrates will das Orakel widerlegen. Es sind die für Weise gehaltenen Athener, an die Sokrates sich dabei wendet, und zwar, weil auch er sie für weise hält. Wie sich die Prüfung des Wissens vollzieht, dürfte mit das Bekannteste über Sokrates sein, fällt hier doch der oft zitierte und für eine Quintessenz des Sokratischen Philosophierens gehaltene Satz, demzufolge Sokrates weiß, daß er nichts weiß. Das ist eine gerade in ihrer Paradoxie eingängige Formel, mit der ein Grundzug des Sokratischen Denkens und Redens getroffen zu sein scheint.

Doch Sokrates weiß genauer betrachtet zuviel, als daß man sich mit der Formel zufrieden geben könnte. Was man in einem Text wie dem *Euthyphron* kennenlernt, ist anderes und hat reichere Substanz als das ironische Spiel eines Agnostikers, der es seinen in Dogmatismen verstrickten Gesprächspartner überläßt, sich mehr oder weniger stark zu blamieren. Schon aus dem Entsetzen über die Bedenkenlosigkeit, mit der Euthyphron bereit ist, seinen Vater des Totschlags anzuklagen, spricht ein integres Wissen; ein Wissen freilich, das sich nicht ohne weiteres mitteilen und darum noch schwerer bezeichnen läßt. Es ist das Wissen des Philosophen, das sich am leichtesten in der Prüfung des nichtphilosophischen Wissens erweist. Die Prüfung, wie sie in der *Apologie* geschildert wird, hat ihre Pointe sogar darin, daß mit ihr das philosophische Wissen als solches überhaupt erst hervortritt.

Um das Orakel zu widerlegen, wendet Sokrates sich an einen Staatsmann – später spricht er von den Staatsmännern allgemein –, an die Dichter und an die Handwerker. Die Reihenfolge ist hierarchisch gemeint. Während die Staatsmänner sich die

Angelegenheiten der Polis entschieden zu eigen machen und so Verantwortung für sie tragen, während die Dichter zur Sprache bringen, was die Kultur, das Selbstverständnis der Polis ausmacht, stehen die Handwerker für die einfachen Bürger – für jene, die in Athen erst mit der Einführung der Demokratie Einfluß auf die Dinge der Polis erhielten. Angesichts dessen ist es eine sichere Pointe, daß die Handwerker bei der Prüfung des Wissens am besten wegkommen, und das nicht obwohl, sondern weil ihr Wissen begrenzter Natur ist – der geringste Anspruch verweist auf die größte Solidität. Außerdem ist es alles andere als selbstverständlich, daß Dichter und Staatsmänner am Wissen der Handwerker gemessen werden; man muß deshalb genauer betrachten, wie das geschieht. Die Prüfung des Wissens versteht man nur wirklich, wenn man mit der zuletzt geprüften Gruppe der Handwerker beginnt.

Wo Sokrates sich den Handwerkern zuwendet, hat die Prüfung des Wissens für ihn jede Spannung verloren. Denn, wie er sagt, wußte er schon, daß diese Vieles und sichtbar Vortreffliches (*kalá*) wissen würden (Apol. 22d) Sie wußten in der Tat, was Sokrates nicht wußte und erwiesen sich darin als weiser. Es sollte nicht weiter erstaunen, daß Sokrates hier das Wort „*sophos*" verwendet, das man eben meistens mit „weise" übersetzt. Noch Aristoteles kann von einem *sophos* als von jemandem sprechen, der seine Sache versteht und derart ein Meister seines Faches ist (Eth. Nic. 1141a 9–16). Entsprechend ist hier auch das Wissen verstanden. Es ist ein Wissen, das sich im Können erweist, genauer darin, daß man etwas zustandezubringen vermag; es ist das Wissen einer *technê*, was man mit „Kunst" übersetzen kann, wenn man dabei nicht primär an die „schönen Künste", sondern an die Könnerschaft, die Kunstfertigkeit des Zustandebringens denkt; dieser Sinn ist in dem Wort „Heilkunst" erhalten geblieben.

Die Gewißheit des Sokrates, bei den Handwerkern ein solches als Können verstandenes Wissen zu finden, ist nicht überraschend, wenn man bedenkt, daß jeder Benutzer eines Handwerksprodukts dem Hersteller Können oder Wissen attestieren und sogar den Grad des Könnens beurteilen kann – ob ein Paar

Schuhe gut oder schlecht gemacht ist, spürt man beim Tragen. Außerdem sind Handwerker in der Lage, ihr Können oder Wissen mitzuteilen und weiterzugeben; auch das ist ein zuverlässiges Kriterium dafür, daß hier nicht bloß etwas vorgespiegelt wird. Der Gedanke, daß Kunstfertigkeit Wissen ist und Wissen sich am deutlichsten in der Kunstfertigkeit manifestiert, dürfte auch für die Zuhörer des Sokrates gut nachvollziehbar gewesen sein. Provozierend ist eben nur, daß Sokrates nicht auf „vornehmere" Kunstfertigkeiten verweist – etwa die Kunst des Strategen oder die des Baumeisters und Städteplaners.

Trotz ihrer erkennbaren Vorzüge bleiben die Handwerker nicht unkritisiert. Ihr Fehler besteht darin, daß sie aus ihrem begrenzten Können schließen, sie würden auch von anderem, das nicht in ihr Metier fällt, etwas verstehen: „Weil er seine Kunst trefflich ausübte, wollte jeder auch im Hinblick auf die anderen, die größten Dinge der Weiseste sein, und dieser Irrtum verbarg ihre Weisheit." (Apol. 22d) Die Handwerker sind sich darüber im unklaren, was sie wissen oder können und was nicht. Ihr Wissen ist nicht deshalb getrübt, weil es begrenzt ist, sondern nur, weil Unwissenheit hinsichtlich der Grenzen des Wissens es überlagert.

Das ist auch bei den Dichtern der Fall; sie teilen mit den Handwerkern die Schwäche, ihr Können zu überschätzen, denn sie glauben, aufgrund ihrer Dichtung auch im Hinblick auf anderes, was sie nicht wissen, die Weisesten zu sein (Apol. 22c). Immerhin, so ist unausdrücklich damit gesagt, wissen oder können aber auch sie etwas – ihre Werke sind Zeugnis dafür. Das Können der Dichter hat den Charakter einer *technê*. Wenn die Dichter in der Sokratischen Hierarchie trotzdem einen geringeren Rang haben, so deshalb, weil sie ihr Können nicht zu erläutern vermögen: Von ihnen läßt sich nichts lernen; sie sind außerstande, ihre Werke durchsichtig zu machen – alle anderen sprechen über die Werke der Dichter besser als diese selbst (Apol. 22b). Und dann hebt Sokrates die Begeisterung der Dichter hervor, aus der ihre Werke hervorgebracht werden und die im schroffen Gegensatz zum Wissen oder Können allein darum schon steht, weil sie nicht ausweisbar ist.

Damit wird das Zugeständnis, demzufolge das Dichten eine Kunst ist, nicht widerrufen. Der Kunstcharakter des Dichtens liegt in seiner gleichsam handwerklichen Seite. Doch weil die Dichtung die Welt in der Zusammengehörigkeit ihrer verschiedenen Aspekte zur Sprache bringt, ist sie mehr als das Handwerk sprachlicher Gestaltung; und dieses Mehr ist es auch, was ihr in der öffentlichen, von der des Sokrates verschiedenen Hierarchie gegenüber dem Handwerk einen höheren Rang verschafft. Dieses Mehr aber ist, wie im *Ion* herausgestellt wird, kein Wissen: Wer eine Schlacht zu beschreiben vermag, erweist sich darin noch nicht als Feldherr. Zugunsten der Dichter möchte man vielleicht einwenden, diese Kritik sei ungerecht, weil sie den Anspruch der Dichtung nicht trifft. Doch sie trifft ihn genau, sobald die Dichter für sich Autorität in Fragen des Lebens beanspruchen. Es sind „die größten Dinge" (Apol. 22d), von denen sie nichts verstehen und doch etwas verstehen wollen.

Das gilt für die Staatsmänner erst recht. Der Staatsmann, mit dem Sokrates zu tun hatte, schien vielen anderen weise zu sein – am meisten aber hielt er sich selbst dafür (Apol. 21c). Und wenn Sokrates hinzufügt, er habe versucht, ihm seine Unweisheit deutlich zu machen (Apol. 21c-d), so ist nach dem Vorherigen klar, wie er das unternommen hat: Der Anspruch des Staatsmannes wurde daran gemessen, ob er über ein Können verfügt, das dem Können der Handwerker vergleichbar ist; das folgt einfach daraus, daß Sokrates sein Verständnis des Wissens und Könnens an den Handwerkern gewonnen hatte. Sonst hätte er bei der Prüfung der Handwerker darüber, daß sie sich auf etwas verstehen, überrascht sein müssen.

Das Wissen der Handwerker dient also für Sokrates wirklich als Maßstab zur Beurteilung aller Wissensansprüche, und insofern wird man es als das eigentlich menschliche Wissen bezeichnen dürfen. In ihm wird gewußt, was Menschen wirklich zu wissen vermögen, und insofern ist es kein Wunder, daß die Handwerker ihr Wissen auch als Basis dafür verstehen, mit den „größten Dingen" vertraut zu sein. Trotz ihrer Verblendung sind sie darin am Ende höher zu schätzen als die Staatsmänner, die allem Anschein nach über gar kein Wissen verfügen. Den

Staatsmännern gegenüber sind die Dichter entschieden im Vorteil: Mag ihre Begeisterung auch kein Wissen sein – immerhin läßt sie die Dichter doch viel Schönes sagen, und ihre Schwäche ist nur, daß sie das, was sie sagen, nicht wissen (Apol. 22c) und so verblendet sind, Wissen für sich in Anspruch zu nehmen.

Am Ende hat niemand der Sokratischen Prüfung standgehalten, und also hat Sokrates das Orakel nicht widerlegt. Es hat sich wirklich gezeigt, daß er der Weiseste ist. Doch wie sich das gezeigt hat, ist so eindeutig nicht. Sokrates ist zwar den Staatsmännern und Dichtern überlegen, weil er für sich kein Wissen in Anspruch nimmt (Apol. 21d; 22c); und was die Handwerker betrifft, so besteht seine Weisheit darin, auf ihr Wissen zu verzichten, wenn damit verbunden ist, auch von ihrer Verblendung frei zu sein (Apol. 22e). Sokrates, so könnte man denken, ist der Weiseste, weil er sich klug zu bescheiden vermag. Doch die Sokratische Einsicht ist weit von Bescheidenheit und Beschränkung entfernt. Sokrates ist der Weiseste, weil er einen Begriff des Wissens hat und damit zugleich die Grenzen des Wissens durchschaut.

Der Satz vom Wissen des Nichtwissens besagt also einerseits etwas sehr Schlichtes und andererseits etwas ungeheuer Anspruchsvolles: Sokrates versteht sich auf nichts, sofern er keine Kunst, kein Handwerk beherrscht; doch er durchschaut so genau, was das Wissen des Handwerkers oder Künstlers ist, daß ihm auch die Vernebelungen, die falschen Übertragungen dieses Wissen in Bereiche, die höheren Anspruchs als die Handwerke sind, nicht verborgen bleiben. Sokrates weiß, daß das Wissen von der Art des Handwerkswissens der Schlüssel zum Verständnis menschlicher Wissensansprüche ist – der gerechtfertigten wie der ungerechtfertigten.

Aber hier geht es um mehr als um die nur menschlichen Dinge: Wo er die uneingelösten Wissensansprüche anderer aufdeckt, setzt er die Weisheit des Gottes ins Recht, daß die menschliche Weisheit wenig oder gar nichts wert ist; damit dies offenbar wird, bedient sich der Gott des Namens von Sokrates und macht ihn zum Modell, an dem und mit dem die Begrenztheit des menschlichen Wissens hervortritt (Apol. 23a-b). Ge-

Abb. 3: Sokrates, Alabasterstatuette
(Britisches Museum London)

wiß, nicht Sokrates ist so der Weiseste, sondern der delphische Gott. Doch der Anspruch des Sokrates, die Stimme des Gottes zu sein, kommt dem Anspruch der Dichter nicht bloß gleich, sondern geht über diesen noch hinaus. Von den „größten Dingen" weiß Sokrates mehr als die Dichter und mehr als die Staatsmänner, wenn er weiß, daß sie dem eigentlich menschlichen Wissen nicht zugänglich sind. Und nicht nur das: Weil er die Grenzen des menschlichen Wissens kennt, hat Sokrates auch ein Wissen von der Natur der „größten" Dinge. Der Satz vom Wissen des Nichtwissens deutet an, daß sich das bloß menschliche Wissen übersteigen läßt, ohne derart die Weisheit des Gottes für sich selbst in Anspruch zu nehmen. Dieser Überstieg ist Philosophie.

Selbst jedoch, wenn man bereit ist zuzugestehen, daß Sokrates diesen Anspruch in der *Apologie* wirklich erhebt, könnte man immer noch denken, er löse ihn nicht anders als negativ ein – dadurch also, daß er im Gespräch mit anderen die Grenzen des Wissens immer dann herausarbeitet, wenn diese verdeckt und überschritten werden. Doch nur so ist es nicht. Sokrates fordert seine Athener Mitbürger in aller Emphase auf, sich nicht bloß um Besitz, Ansehen und Ehre zu kümmern, sondern um Einsicht und Wahrheit und darum, daß die Seele in bester Verfassung sei (Apol. 29d-e). „Und wenn", so fährt Sokrates fort, „einer von Euch widerspricht und sagt, um alles dies sei er doch besorgt, so werde ich ihn nicht gleich loslassen und davongehen, sondern ihn fragen und gründlich ausforschen und auf die Probe stellen; und wenn er mir keine Tugend erworben zu haben scheint, es aber behauptet, werde ich ihn tadeln, daß er das Wichtigste am geringsten achtet, das Schlechteste aber mehr." (Apol. 29e-30a) Also ist es möglich, „das Wichtigste" zu erreichen – ob vollkommen oder nicht, ist eine andere Frage. Wäre die Widerlegung ungerechtfertigter Wissensansprüche von Sokrates so gemeint, daß jeder sich auf sein jeweiliges Wissen beschränken solle, müßte in solcher Beschränkung auch schon „das Wichtigste" liegen.

Das anzunehmen, ist nicht plausibel. Wäre die Tugend, die in den zitierten Sätzen als „das Wichtigste" bestimmt wird, allein durch eine Beschränkung auf das jeweilige Wissen zu erreichen, könnte man nicht begreifen, wieso immerzu der Versuch unternommen wird, sich ihrer außerhalb desselben zu versichern. Nach dem Text der *Apologie* bleibt es zwar unklar, ob die Tugend das allein Wichtigste ist oder ob sie zu jenen „größten Dingen" nur gehört, von denen zuvor die Rede war. Aber in beiden Fällen müßte man sagen, daß Staatsmänner und Dichter nicht umsonst aufgrund ihrer herausragenden Stellung behaupten, vom Größten und Wichtigsten etwas zu verstehen, und auch die Handwerker ihre Grenzen überschreiten, um hier mitzutun: Tugend, Vortrefflichkeit im Hinblick auf die Dinge der Polis sucht man nicht in der Werkstatt. Ob man sie auf die richtige Weise sucht, ist fraglich; aber ganz offensichtlich entspricht den größten Dingen ein besonderes Wissen.

Daß es sich so verhält, müßte endgültig klar werden, wenn man bedenkt, daß Sokrates sich bei seiner Prüfung des Wissens zuerst an die Staatsmänner wendet. Bei den „größten Dingen" handelt es sich für ihn um die politischen Dinge – um jene, die in die Öffentlichkeit der Polis gehören und diese Öffentlichkeit selbst in ihren Geschicken betreffen. Das Wichtigste, von dem die Handwerker aufgrund ihres beschränkten Wissens glauben, auch eine Ahnung zu haben, ist die Politik. Die politischen Probleme, die Probleme des gemeinschaftlichen Lebens sind aber nicht schon dadurch gelöst, daß jeder Bürger nur betreibt, wovon er etwas versteht – wäre es so, dann gäbe es politische Fragen überhaupt nicht wirklich, sondern sie würden nur erzeugt, wo man, über das beschränkte Wissen hinausschießend, meint, daß es sie gibt.

Werden politische Probleme nicht derart aus Irrtum erzeugt, so daß die Menschen bei ihrer Vermeidung in einem Gemeinwesen leben könnten, das in der *Politeia* aufgrund der Selbstgenügsamkeit seiner Bewohner „der Schweinestaat" heißt (vgl. dazu Höffe 1989, S. 228–260), dann muß ihrer Bewältigung ein Wissen ganz eigener Art entsprechen. Um dieses Wissen ist es Sokrates zu tun. Die Sokratische Frage nach den größten Dingen, nach der Tugend als dem Wichtigsten ist eine politische Frage – das hat Leo Strauss von allen, die sich mit Sokrates beschäftigt haben, am deutlichsten gesehen und betont. Politische Philosophie im Sokratischen Sinne fragt über das eigentlich menschliche Wissen hinaus nach dem, was die Menschen in ihrem Zusammenleben doch unmittelbar angeht; sie fragt nach dem Übermenschlichen, nach dem, was nicht mehr eigentlich menschlich, aber auch noch nicht göttlich ist.

Daß die Sokratische Frage so gemeint war, wird durch die Situation der *Apologie* demonstriert: Sokrates müßte sich vor den Athenern nicht verteidigen, hätte er nicht durch sein Philosophieren, das Dienst für den Gott ist, politische Bedeutung bekommen. Doch diese Bedeutung läßt sich ebenso wie die Bedeutung der Politik für die Philosophie erst verstehen, wenn man die Sokratische Philosophie gründlich genug verstanden hat.

Die Philosophie übersteigt das Wissen von der Art, wie es die Handwerker haben, um so zu den „größten Dingen" zu gelangen. Allein damit ist gesagt, daß die Philosophie keine *technê* im Sinne des handwerklichen Wissens sein kann. Doch die Philosophie ist ein Wissen, und also fragt sich, was für ein Wissen sie ist. Da sich für Sokrates als einzige Form des Wissens die *technê* gezeigt hatte, läßt sich das nur im Ausgang von der *technê* klären.

2. Technê und Sophistik

Wenn die Handwerker, wie die *Apologie* sie darstellt, sich aufgrund ihres Wissens einbilden, von den „größten Dingen" etwas zu verstehen, dann machen sie den Fehler, ihre Fähigkeiten zu überschätzen: Weil sie jeweils ihre *technê* beherrschen, halten sie sich auch sonst für besonders klug; doch darüber, was für eine Klugheit das sein soll, machen sie sich, wie man vermuten kann, keine Gedanken. In dieser Hinsicht sind ihnen die Dichter überlegen: Nicht wegen der handwerklichen Seite ihres Tuns glauben sie, ein Verständnis der „größten Dinge" zu haben, sondern das kann nur in ihrer Begeisterung, ihrer Inspiration begründet sein, und ihre Schwäche ist, daß sie Inspiration für Weisheit halten. Bei den Staatsmännern sieht es noch anders aus: Wie Sokrates sie schildert, halten sie sich für weise, ohne den geringsten Anhaltspunkt dafür zu haben. Doch sich für weise zu halten, dürfte ohne eine noch so vage Vorstellung davon, was Weisheit ist, kaum möglich sein. Unter der Voraussetzung, daß Staatsmänner ihre Weisheit nicht auf Inspiration zurückführen, gibt es nach dem Bild, das Sokrates zeichnet, nur einen Kandidaten: die *technê*, und zwar natürlich nicht die *technê* im Sinne der Handwerker. Vielmehr ist zu vermuten, daß die Staatsmänner bei ihrer Selbsteinschätzung eine besondere Kunst für sich in Anspruch nehmen: die Staatskunst – oder wie man besser sagt, weil die Polis kein von der Gesellschaft strikt unterschiedener Staat ist: die Kunst der Politik.

Ein politisches Wissen dieser Art in Anspruch zu nehmen – das entspricht der Tendenz, alles menschliche Können als *technê* und damit analog zum Wissen der Handwerker zu begreifen. Diese Analogie steht wohl nicht im Vordergrund, wo es um eine so hochrangige Sache wie das Ganze einer menschlichen Gemeinschaft geht; sie ist zurückgetreten zugunsten der Selbstverständlichkeit, daß menschliches Wissen darin besteht, etwas zustandezubringen, und darum auch allgemein „*technê*“ heißen kann. Sokrates provoziert, wenn er den Begriff der *technê* wieder pointiert auf das Wissen der Handwerker zurückführt.

Die Tendenz, alles menschliche Wissen als *technê* zu verstehen, hat sich im fünften Jahrhundert mit dem Aufstieg Athens herausgebildet und ist zur Zeit des Sokrates in voller Geltung. Deutlich findet diese Tendenz sich in der *Prometheus*-Tragödie des Aischylos artikuliert (Kube, vor allem S. 33–40; Meier 1988, S. 156–178), und noch eindrucksvoller vielleicht bei Sophokles im zweiten Chorlied der *Antigone*. Hier heißt es, in der Übersetzung Wolfgang Schadewaldts, der Mensch besitze „in dem Erfinderischen der Kunst eine nie erhoffte Gewalt“ (Vers 366 f.). Das Können des Menschen ist ungeheuer – gewaltig und furchterregend (*deinos*). Es umfaßt die Natur außer ihm und auch die Form des eigenen Lebens: den „städteordnenden Sinn“ (Vers 354 f.). Wenn Sophokles in seiner Tragödie die Grenzen eines auf Wissen solcher Art gegründeten Selbstvertrauens offenbar machen will (vgl. Nussbaum, S. 72–75), läßt das auf ein entsprechend grenzenloses, weil unreflektiertes *technê*-Vertrauen bei den Zeitgenossen schließen; ein ähnliches Bild zeichnet die *Apologie*.

Christian Meier hat die Einstellung, um die es hier geht, das „Könnens-Bewußtsein" genannt (Meier 1980; 1993). Das Könnens-Bewußtsein findet seine eifrigsten Verfechter in den Sophisten; entsprechend kann die Weise, in der Sokrates in der *Apologie* die *technê* behandelt, auch als eine Reaktion auf die Sophistik verstanden werden. Die Bedeutung der *technê* für das Sokratische Philosophieren und sein Verhältnis zu den Sophisten gehören zusammen.

Die Sophistik ist ein zu komplexes Phänomen, als daß es leicht wäre, sie mit wenigen Worten befriedigend zu charakterisieren. Allzu gern hält man sich hier an die grotesken und extremen Ausprägungen. Im kleineren der beiden *Hippias*-Dialoge erscheint die Sophistik als der lächerliche Anspruch der Alleswisserei; der Sophist Hippias wird hier als jemand beschrieben, der alles kann und alles, was er an sich trägt, selbst hergestellt hat (Hipp.Min. 368a-369a). Liest man das erste Buch der *Politeia* oder den *Gorgias*, so ist man in der Orientierung an Figuren wie Thrasymachos und Kallikles vielleicht geneigt, die Sophistik insgesamt für eine Artikulation brutalen Machtdenkens zu halten. Doch die Sophistik erschöpft sich weder im bizarren Anspruch eines universalen Do-it-yourself noch läßt sie sich auf die These vom Recht des Stärkeren reduzieren und so als Vorwegnahme eines vordergründigen und falschen Nietzscheanismus interpretieren.

Zunächst ist *„sophistes"* alles andere als ein Schimpfwort. Nachdem es in frühen Verwendungen bedeutungsgleich mit *„sophos"*, Weiser, Sachverständiger war, heißt es zur Zeit des Sokrates am ehesten soviel wie „Lehrer" (Guthrie III, S. 33). Auch durch Platon, aber gewiß nicht durch Platon allein, bekommt das Wort dann jenen negativen Beiklang, in dem man es immer noch verwendet.

Anachronismen sind nicht immer bloß verfälschend, sondern vermitteln oft genug auch Einsicht. In diesem Sinne ist es, wie schon einmal angedeutet, recht aufschlußreich, wenn man die Sophisten als „Intellektuelle" bezeichnet und ihr Programm „Aufklärung" nennt: Die Sophisten waren Leute, die freiberuflich von geistiger Arbeit lebten und nicht zur Gemeinschaft einer Polis dazugehörten; sie reisten herum, hielten Kurse und traten mit brillanten Vorträgen auf, um derart Schüler zu werben – natürlich die zahlungskräftigen aus den reichen Familien. Es waren Leute, die den Verfall unbefangener Sittlichkeit zum Teil scharfsinnig diagnostizierten und ihre Schüler aus undurchschauten Bindungen befreien wollten. Sie vertraten die Überzeugung, daß man sich zur Orientierung in der Welt des Verstandes bedienen sollte, weil Gewohntes und Bewährtes die Orientierungskraft verloren hätten. Das Könnens-Bewußtsein, das sie besonders prägnant verkörperten, war ihnen in den kulturellen und politischen Umwälzungen des fünften Jahrhunderts die angemessene Antwort. Mochten die Sophisten den Bürgern auch noch so suspekt sein – wo sie ihr Selbstverständnis am Können orientierten, dachten die Bürger nicht anders. Die Sophisten konnten nur darum Erfolg haben.

Allein diese wenigen Charakterisierungen lassen deutlich werden, daß Sokrates in mancher Hinsicht mit den Sophisten verwandt war. Zwar ist Sokrates immer Athener geblieben – die Ablehnung des Exils in der *Apologie* gewinnt in diesem Licht den Charakter einer Distanzierung vom sophistischen Wanderleben; zwar ist Sokrates arm gewesen, statt aus seinem Tun wie die Sophisten zum Teil erhebliche Einkünfte zu ziehen – daß Sokrates nicht gegen Geld lehrt, wird in der *Apologie* ebenso betont (Apol. 19d-e) wie seine Armut (Apol. 38b). Aber Sokrates müßte den Unterschied zwischen sich und den Sophisten nicht so entschieden hervorkehren, wie er es tut, wenn es leicht gewesen wäre, diesen Unterschied zu sehen. Noch daß Platon die Auseinandersetzung des Sokrates mit den Sophisten immer wieder ins Zentrum seiner Texte stellt und in seinem großen Spätdialog *Sophistes* eine weit ausgreifende Anstrengung zur begrifflichen Bestimmung der Sophistik unternimmt, zeigt an, wie wichtig und drängend hier die Klärung gewesen ist.

Auch Sokrates tritt allem Anschein nach als Lehrer auf, der die jungen Leute dem normalen Selbstverständnis in der Polis entfremdet oder gar dafür sorgt, daß ein solches Selbstverständnis sich nicht entwickelt; auch Sokrates hat die aufklärerische Intention, aus undurchschauten und als problematisch empfundenen Bindungen zu befreien – sein Gespräch mit Euthyphron ist ein scheiternder Aufklärungsversuch. Je klarer man die Nähe des Sokratischen Denkens zu dem der Sophisten sieht, desto größer ist auch die Chance, die radikale Verschiedenheit beider zu verstehen. Dafür bietet sich der Dialog *Protagoras* am meisten an. Denn der Titelheld dieses von Sokrates erzählten Gesprächs ist ein gemäßigter, man wäre fast versucht zu sagen: ein liberaler Vertreter seiner Zunft.

Die Mäßigung bei Protagoras ist von Einsicht in die Gefährlichkeit des eigenen Tuns getragen; er weiß sehr genau, wie mißtrauisch die Bürger gegenüber den Sophisten sind (Prot. 316c-d), und er macht darauf aufmerksam, daß manche seiner Kollegen darum auch versuchen, ihr eigentliches Interesse hinter anderen und harmloseren Tätigkeiten zu verstecken, indem sie sich als Lehrer im musischen Bereich oder als Lehrer der Leibesübungen ausgeben (Prot. 316d-317a). Das eigentliche Interesse der Sophisten aber ist die Politik.

Protagoras hält es für den besseren Schutz gegen Anfeindungen der Bürger, dieses Interesse offen einzubekennen (Prot. 317b-c). Doch sein bester Schutz ist es, daß er die Kompetenz der Bürger in politischen Fragen überhaupt nicht bestreitet. Seine Sache ist die Staatskunst, das politische Können (*politikê technê* /Prot. 319a), und wenn er mit dem Anspruch auftritt, die Männer zu guten Bürgern zu machen (Prot. 319a), tritt er damit nicht in Konkurrenz zu den Bürgern selbst. Diese sind alle zur Erziehung guter Bürger imstande, sie alle sind Lehrer der Tugend (Prot. 327e), und Protagoras will nicht mehr als dieses allgemeine Wohlergehen noch fördern; der Fachmann, der er ist, verdient Schätzung, weil er das Gute noch besser zu machen versteht (Gadamer 7, S. 153 f.).

Daß jeder mitreden darf, wenn es um die politische Tugend geht, hatte Sokrates in der *Apologie* auch nicht bestritten; wohl aber, daß jeder, der mitreden darf, auch etwas von der Sache versteht. Und das wiederum war ja nicht als Plädoyer für die ausschließliche Kompetenz der politischen Fachleute, der Staatsmänner, gemeint gewesen. Sokrates hatte vielmehr nicht akzeptieren wollen, daß das politische Wissen von der Art einer *technê* ist. Im Dialog mit dem großen Sophisten denkt Sokrates, der hier gemäß der literarischen Datierung noch recht jung (Prot. 314b), etwa 37 Jahre alt ist, schon genauso. Es wird schon zu Beginn des Gesprächs deutlich, daß Sokrates auch hier die Lehrbarkeit der politischen Tugend in Zweifel zieht. Eine *technê* muß lehrbar sein, und das ist sie nur, wenn es Fachleute gibt, die sie lehren können.

Protagoras gibt sich beträchtliche Mühe, den von Sokrates artikulierten Zweifel zu entkräften, und man wird nicht sagen können, seine Argumente seien ganz unplausibel: Zum einen weist er nämlich darauf hin, daß jedes Fehlverhalten im Zusammenhang des gemeinschaftlichen Lebens getadelt und nicht wie ein natürlicher oder zufälliger Mangel bedauert wird (Prot. 323d). Zum anderen macht er geltend, was man heute gern „Sozialisation" nennt: Die Polis selbst nötigt ihre Heranwachsenden, die Gesetze zu lernen und ihnen entsprechend zu leben (Prot. 325c-d); das führt insofern wieder auf das erste Argument zurück, als die Übertretung der Gesetze bestraft wird und Strafe als Korrektur (*kolasis*) und damit auch als Erziehung zu begreifen ist (Prot. 326d-e).

Damit hat Protagoras zwar den Sokratischen Einwand berücksichtigt, für die politischen Dinge gäbe es keine Fachleute, an die man sich zur Entscheidung einer Frage wenden könne; Spezialisten muß es nicht geben, wenn alle kompetent sind. Auf das andere Problem jedoch, das Sokrates zur Begründung seines Zweifels angesprochen hatte, geht Protagoras in wenig befriedigender Weise ein. Politische Tugend, so hatte Sokrates nämlich gemeint, könne nicht lehrbar sein, weil selbst die „verständigsten und vortrefflichsten Mitbürger" nicht imstande seien, ihre Tugenden weiterzugeben (Prot. 319e).

Protagoras entgegnet hierauf, die Söhne auch der besten Aulos-Spieler müßten nicht dasselbe herausragende Talent haben

(Prot. 326b). Die Kunst, das schwierige, an ein doppeltes Fagott erinnernde Blasinstrument zu beherrschen, geht nicht wie eine Gewohnheit oder wie ein Charakterzug vom Vater auf den Sohn über. An diesem Gedanken ist nicht nur problematisch, daß Protagoras sich zur Erläuterung der außerordentlichen, weil von allen beherrschten Kunst der Politik wieder auf eine besondere und also nur von einigen beherrschte Kunst bezieht. Schwerer wiegt noch, daß er inkonsequent ist und seiner These über die Tadelbarkeit des Fehlverhaltens im Zusammenhang des Politischen widerspricht; wenn jemand zum Gutsein nicht das rechte Talent hat, müßte man ihn bedauern statt ihn zu tadeln.

Trotzdem ist Sokrates von der Brillanz des Meisters im Denken und Reden anscheinend so in Bann geschlagen (Prot. 328d), daß er den Widerspruch nicht bemerkt und sogar seinen Zweifel aufgibt: Bisher habe er immer geglaubt, die Guten würden nicht durch menschliche Bemühung gut, doch nun sei er überzeugt (Prot. 328e). Sokrates fügt hinzu, eine Kleinigkeit noch sei ihm unklar: Protagoras habe zwar von verschiedenen Tugenden gesprochen, aber so, als ob alle zusammengenommen doch Eins wären, nämlich die Tugend (Prot. 329c); wie es sich damit verhalte, wolle er wissen.

Ausführlichere Platon-Lektüre kann darüber belehren, daß die Versicherung, „eine Kleinigkeit noch" sei offen geblieben, im Munde des Sokrates immer von verräterischer Harmlosigkeit ist; die Kleinigkeit erweist sich schnell als das Wichtigste, und wie sich bald zeigen wird, ist es auch hier so. Dann aber ist auch zu fragen, was man davon halten soll, daß Sokrates versichert, durch die Ausführungen des Protagoras nun überzeugt zu sein. Wenn das Wichtigste in der Tat noch folgt, gerät die Zustimmung in ein anderes Licht.

Sieht man in diesem anderen Licht nun genauer hin, kann man sich davon überzeugen, daß Sokrates im Hinblick auf die Hauptsache des vorausgegangenen Disputes kein Zugeständnis macht; daß die Tugend lehrbar sein könne, gibt er nicht zu. Und ob er je gemeint hat, Tugend lasse sich ohne „menschliche Bemühung" erlangen, darf man bezweifeln – andernfalls müßte er ja die These vertreten, die Protagoras als Verlegenheitslösung angeboten hatte, um das Scheitern der Erziehung plausibel zu machen: Tugend wäre dann in der Tat ein natürliches Talent und nichts sonst; und Protagoras hätte recht mit seiner Beobachtung, daß man den Tadel gegenüber politischem Fehlverhalten dann nicht mehr erklären – und auch nicht mehr rechtfertigen könnte.

Weil Sokrates diese These nicht vertritt, bleibt als Antwort auf die Frage nach der Lehrbarkeit der Tugend nur übrig festzuhalten, daß die Tugend zwar nicht lehrbar ist, aber auch nicht ohne menschliche Bemühung erreicht wird. Gegenüber dem Erziehungsoptimismus des großen Sophisten ist Sokrates zutiefst skeptisch; und zugleich stimmt er offenbar allem zu, was Protagoras über die Verantwortlichkeit und Zurechenbarkeit des guten und schlechten Verhaltens gesagt hat. Trotz der Divergenz im Wichtigsten können Sokrates und Protagoras miteinander reden, weil es ihnen beiden um eine Revision des Politischen geht. Es geht beiden darum, die Frage nach dem richtigen Verhalten in der Polis neu zu stellen, und wenn sie hier am Ende doch ganz verschieden denken sollten, bleibt das verborgen: Für die Weiterführung des Gesprächs hat Sokrates durch Verstellung gesorgt – dadurch, daß er den offenen Dissenz umgeht, indem er das, was sich für ihn als das Wichtigste erweisen wird, als Kleinigkeit bezeichnet; unter der Voraussetzung, daß Sokrates weiß, welche Frage für ihn die Wichtigste ist, hält er hier sein Wissen zurück.

Das verdient auch, bemerkt zu werden, weil Verstellung, *eironeia*, als ein wesentliches Charakteristikum des Sokratischen Verhaltens gilt, und das ist wieder ein Hinweis darauf, daß man die Platonischen Texte fast unwillkürlich als das eigentliche Sokrates-Portrait liest und Xenophon weniger überzeugend findet: Ironisch ist der Xenophonische Sokrates nie. Erscheint jedoch der ironische Sokrates Platons überzeugender als die etwas bieder immer wieder ihre Rechtschaffenheit versichernde Figur Xenophons, so hat sich auch daran aufs neue gezeigt, daß Sokrates nicht der philosophische Agnostiker ist, für den man ihn bisweilen hält. Der Satz vom Wissen des Nichtwissens ist ironisch.

Das Sokratische Wissen verbirgt sich also hinter der Verharmlosung der Frage, ob es nur viele verschiedene Tugenden gibt oder die Tugenden außerdem auch noch Eines sind – ob sie in einer und nur einer Tugend zusammengehören. Dabei ist die Frage von höchster Bedeutung: Nur, wenn man sie bejaht, ist es möglich, einen Menschen schlicht als tugendhaft zu bezeichnen, nur dann kann man ihn ohne weitere Differenzierung oder Einschränkung „vortrefflich" nennen. Nur dann ist aber auch ausgeschlossen, daß es so etwas wie Spezialisten der Tugend gibt – Spezialisten von der Art Euthyphrons.

Das Beispiel Euthyphrons zeigt auch, weshalb beides – die Abweisung des Spezialistentums und die Behauptung einheitlicher Tugend – zusammengehört: Spezialistentum in Sachen Frömmigkeit, das mit anderen Verhaltensweisen so gar nicht zusammenstimmt, ist für sich genommen nichts wert; niemand kann fromm sein und seinen Vater mißachten – selbst wenn das den Regeln oder Konventionen der Frömmigkeit entspräche. Wenn Sokrates nach der Einheit der Tugend fragt, geht es ihm um die Tugend überhaupt; es geht ihm darum zu klären, wie man sein Leben gut führen, wie man gut sein kann. Es geht um die Frage nach dem „menschlichen Bemühen", durch welches die Guten gut sind.

Daß diese Frage im Zentrum des Sokratischen Denkens steht, ist nun wirklich von niemandem bestritten worden. Davon, daß es so ist, lebt schon Ciceros Formel von der zur Erde herabgerufenen Philosophie. Doch wenn es so ist, muß man noch einen weiteren Schritt tun, der von vielen Interpreten für äußerst problematisch gehalten wird: Wenn es Sokrates um die Frage geht, wodurch die Guten gut sind, gibt es eine Sokratische Ideenlehre – entweder es gibt sie oder die Sokratische Frage nach dem Guten reduziert sich auf die moralische Biederkeit der Figur Xenophons.

3. Sokratische Ideen

Im *Protagoras* kommen die griechischen Wörter, die normalerweise mit „Idee" übersetzt werden, als Termini nicht vor; nach der allgemein akzeptierten Chronologie der Platonischen Dialoge ist der früheste Beleg hierfür der – gegenüber dem *Protagoras* spätere – *Euthyphron*. Im Anschluß an die den Gesprächspartner herausfordernde Frage, was das Fromme eigentlich sei, sagt Sokrates hier: „Oder ist nicht das Fromme dasselbe und sich selbst gleich in jedem Handeln und das Unfromme wiederum zwar allem Frommen entgegengesetzt, sich selbst aber gleich, indem alles, was unfromm sein wird, eine Gestalt (*idea*) gemäß der Unfrömmigkeit hat?" (Euthyphr. 5d) Wenig später nimmt Sokrates das noch einmal auf: „Du erinnerst Dich doch, daß ich Dich nicht aufforderte, mich mit einer oder zweien der vielen frommen Handlungen oder Dinge bekannt zu machen, sondern mit jener Gestalt (*eidos*) selbst, durch die alles Fromme fromm ist. Du hast ja selbst gesagt, daß in einer Gestalt das Unfromme unfromm und das Fromme fromm sei; oder erinnerst Du Dich nicht?" (Euthyphr. 6d-e) Doch selbst wenn im *Protagoras* das philosophisch gemeinte Wort *eidos* oder *idea*, die man hier getrost als gleichbedeutend ansehen kann, fehlt, die Sache, um die es geht, ist nichtsdestoweniger präsent. Da der *Protagoras* im Hinblick auf diese Sache sogar noch weiter geht als der *Euthyphron*, ist es empfehlenswert, die Überlegungen zu den Sokratischen Ideen zuerst an die zitierten Sätze aus dem *Euthyphron* anzuschließen.

Worum es Sokrates geht, wo er von der Gestalt oder Idee des Frommen und Unfrommen spricht, kann man sich leicht klarmachen: Wenn es überhaupt einen sachlichen Grund dafür gibt, verschiedene Handlungen als „fromm" oder „unfromm" zu bezeichnen, so müssen diese in ihrem Wesen etwas gemeinsam haben und dürfen sich nicht nur an der Oberfläche ähneln. Die oberflächliche Ähnlichkeit hilft beim Verständnis von Handlungen überhaupt nicht: Zwei einander ähnliche Handlungen können grundverschieden sein. Die Rede von derselben Gestalt oder Idee zielt dann auf das Sein von Handlungen: auf das, was sie wirklich sind und darauf, wie sie dementsprechend verständlich sind.

Demnach scheint es Sokrates auf zweierlei anzukommen: Im Gespräch will er Euthyphron als erstes davon abbringen, auf die Frage nach der Frömmigkeit mit der Aufzählung von Einzelheiten – hier sind es Beispiele aus der Dichtung – zu antworten. Im *Menon* wird ein ähnlicher Dialog geführt, und es kommt im Hinblick auf die Tugend dort noch deutlicher heraus, daß man die Frage danach, was etwas ist, nicht trifft, wenn man Fälle nennt, in denen es vorkommt; daß man imstande war, etwas als einen Fall tugendhaften Verhaltens zu identifizieren, setzt das Wissen davon, was Tugend ist, schon voraus. Mit seiner Insistenz auf der Frage, was etwas ist, scheint Sokrates also zweitens und hauptsächlich eine Definition von etwas anzustreben. Genau diese beiden Momente, der Weg vom Besonderen zum Allgemeinen und die allgemeine Bestimmung, sind von Aristoteles als der eigentliche Beitrag des Sokrates zur Philosophie angesehen worden: „Zweierlei ist es, was man dem Sokrates mit Recht zuschreiben mag: induktives Reden (*epaktikous logous*) und allgemeines Bestimmen (*to horizesthai katholou*" (Met. XIII 1078b 27–29).

Daß die hinführenden oder induktiven Reden ein wesentlicher Aspekt des Sokratischen Philosophierens sind, ist unstrittig. *Euthyphron*, *Menon* und andere Dialoge belegen das zur Genüge, indem sie die Loslösung vom Einzelnen und Jeweiligen als Bewegung des Denkens vorführen; diese Bewegung gehört dazu, wie Sokrates denkt. Außerdem bekräftigt es ja der gern als zuverlässiger, jeder Stilisierung abholder Zeuge in Anspruch genommene Aristoteles.

Für das „allgemeine Bestimmen" oder „Umgrenzen" gilt das zwar auch, und kein Leser der Platonischen Texte wird bestreiten wollen, daß Sokrates nach „Definitionen" fragt. Man kann sich dazu außerdem noch auf Xenophon (Mem. I,1,16) berufen. Seltsam ist nur, daß Sokrates auf diese Frage eigentlich nie eine bündige Antwort gibt.

Das läßt verschiedene Deutungen zu. Man kann entweder meinen, es gäbe eine solche bündige Antwort und sie würde nur zurückgehalten – sei es von Sokrates, der seinem Gesprächspartner das Nachdenken und Suchen nicht ersparen will, sei es von Platon, der eben dies im Hinblick auf den Leser seiner Texte im Sinne hat. Oder man meint, es gäbe diese bündige Antwort nicht und Sokrates wolle nur das Scheinwissen entlarven und bestenfalls noch die Notwendigkeit fortwährender Bemühung anzeigen. Beides ist gleich unbefriedigend. Im ersten Fall müßte man annehmen, Sokrates triebe ein pädagogisch motiviertes Ratespiel, im zweiten Fall verliert die Frage ihren Ernst, den sie nach dem Text der *Apologie* und seiner Aufforderung zum tugendhaften Leben unzweifelhaft hat.

Also bleibt nur ein dritter Weg offen: Es geht offenbar nicht eigentlich darum, bündige Definitionen der, wie Aristoteles sagt, „ethischen Tugenden" (Met. XIII 1078b 18) zu finden, und dennoch ist die verhandelte Sache in ihrem Wesen bestimmt. Die dramatische Situation des *Euthyphron* macht so deutlich, wie man es irgend erwarten kann, daß jemand, der nicht fromm ist, auch nicht sagen kann, was Frömmigkeit ist; und jemand, der wie Sokrates sein Leben und Denken als Dienst für den delphischen Gott versteht, muß und kann grundsätzlich nicht mehr sagen, als er ohnehin schon sagt. Hätte Euthyphron die Möglichkeit, Sokrates zu verstehen, hätte er die Frage nach der Idee der Frömmigkeit sofort verstanden; damit hätte er alles verstanden, was es hier zu verstehen gibt und was Sokrates zu verstehen geben wollte.

Wäre Euthyphron nämlich wahrhaft fromm, hätte er gewußt, daß alle seine Handlungen unter dem Gesichtspunkt der Frömmigkeit zusammenstimmen – das wäre ihm unmittelbar, ohne umständliche Selbstprüfung klar gewesen. Unter dem Gesichtspunkt der Frömmigkeit wäre er mit sich eins. Doch Euthyphron merkt noch nicht einmal, daß er selber nicht diese Ruhe und Einstimmigkeit mit sich hat, sondern er wirft seinem Gesprächspartner vor, er, Sokrates rede konfus und bringe alles durcheinander (Euthyphr. 11b-e).

Die Idee der Frömmigkeit verstanden zu haben, ist also nicht gleichbedeutend damit, eine Definition der Frömmigkeit geben zu können; verglichen mit der verstandenen Idee kann die Definition bestenfalls eine Erläuterung sein, die als solche hinter dem, worum es eigentlich geht, zurückbleibt. Das Wissen einer Idee ist das die einzelnen Handlungen unausdrücklich Leitende und Tragende, und dieses Wissen trägt derart, wie jemand beim Autofahren sich ohne Mühe darauf versteht, seine einzelnen Bewegungen zu koordinieren und das Fahrzeug so mühelos zu steuern, daß er sich auf die Anforderungen des Verkehrs konzentrieren kann. Der Versuch, in einer Definition einzufangen, was hier geschieht, dürfte keine geringe Mühe machen; und nicht jeder, der sicher zu fahren versteht, wird auch zu einer entsprechend komplexen, trotzdem aber letztlich unzureichenden Beschreibung seines Tuns imstande sein. Das Ideenwissen ist, mit einer von Wolfgang Wieland in die Platon-Interpretation eingeführten Unterscheidung gesagt, kein propositionales, kein sich in Aussagen erweisendes, sondern ein nichtpropositionales Wissen (Wieland, bes. S. 224–236). Aristoteles hat also recht, wenn er sagt, Sokrates habe die Tugenden für Wissen gehalten; problematisch hingegen ist seine Behauptung, er habe die Tugenden deshalb mit Begriffen (logoi) identifiziert (Eth. Nic. VI 1144b 28).

Nun hat man auch die Voraussetzung dafür, besser verstehen zu können, was es mit der Frage nach der Einheit der Tugenden im *Protagoras* auf sich hat. In ihrer Struktur unterscheidet diese Frage sich nicht von der nach der Idee der Frömmigkeit. Denn auch hier wird ein Einheitsgesichtspunkt geltend gemacht, von dem aus es möglich sein soll, vieles Verschiedene in seiner Zusammengehörigkeit zu verstehen und, was das Entscheidende ist, in seiner Zusammengehörigkeit wirklich sein zu lassen. Die Frage nach der Einheit der Tugenden zielt jedoch insofern weiter, als das Zusammenstimmende nun nicht mehr einzelne Handlungen sein sollen, die, gleichsam einheitlich gefärbt durch das, was man „Frömmigkeit" nennt, jemanden als Frommen erscheinen lassen. Sondern mit der Frage nach der Einheit der Tugenden ist darauf gezielt, menschliches Verhalten und Handeln über solche eigentümlichen Einfärbungen hinaus überhaupt in Einklang zu bringen.

Im *Euthyphron* zielt Sokrates schon in diese Richtung, wenn er den Gedanken ins Spiel bringt, die Frömmigkeit sei ein Teil der Gerechtigkeit (Euthyphr. 12d). Man muß diese Erwägung nur auf den Fall Euthyphrons anwenden, um zu sehen, was das bedeutet, und die im Dialog selbst nicht mehr gezogene Konsequenz ziehen: Wenn das Verhalten Euthyphrons gegen seinen

Vater ungerecht wäre, dann könnte es unter der Voraussetzung, daß die Frömmigkeit ein Teil der Gerechtigkeit ist, auch nicht fromm sein. Mit der auf die Einheit des Verhaltens zielenden Frage nach der Einheit der Tugend geht es also um eine Verbindlichkeit, die sich nicht mehr in einzelne Zuständigkeiten und separate Verpflichtungen aufteilen läßt. Letztlich geht es damit um die Frage, wodurch die Guten gut sind – um die Idee des Guten also.

Von der Idee des Guten ist im *Protagoras* direkt nicht die Rede, und das gilt für jeden Platonischen Dialog außer der *Politeia*. Dort allerdings wird diese Idee, allem Anschein nach in denkbar unsokratischer Weise, als „Grund und Anfang des Ganzen" (Resp. 511b) bestimmt. Der Sokrates, der von der Idee des Guten spricht, scheint endgültig platonisch in dem Sinne zu sein, daß die überformenden Züge der Platonischen Darstellungskunst überwiegen.

Ganz so einfach ist die Sache allerdings nicht. Wo es um die Platonische Stilisierung des Sokrates geht, dürfte Gregory Vlastos ein unverdächtiger Bundesgenosse sein; zur *Politeia* aber bemerkt Vlastos lakonisch: „The desire for the good remains what it had been for Socrates in the earlier dialogues" (Vlastos, S. 86). Und zum Beleg wird eine Stelle zitiert, wo es heißt, das Gute sei das, wonach jede Seele strebe und um dessentwillen sie alles tue (Resp. 505d-e). Gewiß heißt das noch nicht, auch die Konzeption des Guten bleibe in allen Punkten dieselbe wie in den früheren Dialogen. Doch in einigen und wesentlichen muß sie ja wohl dieselbe geblieben sein, wenn Sokrates hier reden kann, wie er sonst auch redet.

Zumindest so ähnlich redet Sokrates aber schon im *Protagoras*. Nach langen und verschlungenen Gesprächsphasen kommt Sokrates gegen Ende des Dialogs auf die bis dahin offen gebliebene Frage nach der Einheit der Tugend zurück (Prot. 349a-b) und schlägt dann einen recht ungewöhnlichen Weg ein. Sichtlich ohne Bedenken identifiziert er die Lust mit dem Guten und widerspricht damit anscheinend seiner in der *Apologie* und auch sonst (im *Gorgias* etwa und in der *Politeia*) entwickelten Überzeugung, man solle sich nicht um das, was man aus Lust will, kümmern – um Reichtum, Ehre und Ansehen, sondern um die eigene Tugend allein. Doch der *Protagoras* dokumentiert oder erfindet keineswegs ein hedonistisches Stadium in der philosophischen Biographie des Sokrates. Die provokante – und von Protagoras übrigens äußerst skeptisch beurteilte – Identifikation der Lust mit dem Guten zielt im Gegenteil darauf zu erweisen, daß sogar jemand, dem es genügt, sein Leben an der Unterscheidung von Annehmlichkeit und Unannehmlicheit zu orientieren (Prot. 354e-355a), an die Unterscheidung des Guten und Schlechten gebunden ist; selbst wenn man die Lust vordergründig mit dem Guten identifiziert, bleibt es am Ende doch das Gute, wonach man strebt und um dessentwillen man alles tut.

Um das zu zeigen, macht Sokrates darauf aufmerksam, daß man sich um einer Annehmlichkeit willen dafür entscheiden kann, Unangenehmes auf sich zu nehmen. Man will dann, unter der Voraussetzung, daß das Angenehme mit dem Guten identisch ist, das Schlechte um des Guten willen. Würde man allerdings sagen, man täte das Schlechte im Sinne des Unangenehmen, weil man sich von dem Anreiz des Guten verführen ließ, so wäre es das Gute nicht wert, über das Schlechte den Sieg davon zu tragen; das aber müßte man sagen, wenn die in Aussicht genommene Lust so überwältigend gewesen wäre, daß man sich nicht wirklich entschieden hätte (Prot. 355c-d). Nun muß Sokrates nur noch ein Kriterium für die das Angenehme und Unangenehme abwägende Entscheidung einführen, um deutlich zu machen, daß es auch bei der Orientierung an der Lust auf Einsicht ankommen muß: Man darf sich durch die Lust nicht bestimmen lassen, wo man sich durch die Lust bestimmen lassen will.

Das Kriterium für die Entscheidung in einem durch Annehmlichkeit und Unannehmlichkeit bestimmten Leben wäre, wie Sokrates ausführt, mit einer „Meßkunst" (*metretikê technê*) gegeben, die gegen die Macht des Erscheinenden (*hê tou phainomenou dynamis*) bestehen kann (Prot. 356d). In ihr hätte man zwischen verschiedenen Quanten von Annehmlichkeit und Unannehmlichkeit abzuwägen, wo das Unangenehme nicht ohnehin als Mittel oder Weg zum Angenehmen verstanden wird (Prot. 356b). An letzterem wird noch einmal deutlich, daß eine Entscheidung für die noch bevorstehende und zwar, wie ausdrücklich betont wird: möglicherweise erst sehr viel später bevorstehende Annehmlichkeit selbst nur aus Einsicht möglich ist. Daran zeigt sich, wie das Gute vom Angenehmen in Wahrheit unterschieden ist: Wo man eine zukünftige Lust für gut hält und darum ihretwegen jetzt eine Unannehmlichkeit, vielleicht sogar einen Schmerz auf sich nimmt, bestimmt die Lust in ihrer Zukünftigkeit den Entscheidenden nicht unmittelbar, denn sie wird nicht gespürt; wohl aber gilt die Lust für das Gute, sie ist die geltende Interpretation des Guten, ohne wirklich, geschweige denn ausschließlich das Gute zu sein. Entsprechend kann Sokrates auch am Ende seiner experimentell durchgeführten Identifikation der Lust mit dem Guten einräumen, wer „etwas Besseres" als das Angenehme kenne, werde sich natürlich an diesem orientieren (Prot. 358b-c). Auf jeden Fall aber gilt, daß etwas das Planen und Handeln nur bestimmen kann, sofern man es für gut hält; man handelt um des für gut Gehaltenen willen und ist überzeugt, alles zur Realisierung des für gut Gehaltenen zu tun. Deshalb kann Sokrates auch sagen, was allgemein zum Kernbestand seines Denkens gerechnet wird: Niemand macht freiwillig einen Fehler (z.B. Apol. 25d-e; Prot. 345d-e; Gorg. 466d-467b); immer handelt man nach bestem Wissen und so gibt es, wie Aristoteles festhält, für Sokrates keine Schwäche des Willens (Eth. Nic. VII 1145b 25–27).

Die experimentelle Identifikation des Angenehmen mit dem Guten, wie sie im *Protagoras* vorgenommen wird, macht außerdem noch deutlich, daß man nicht einfach „das Gute" tun kann. Das Gute selbst ist kein Ziel des Entscheidens und Handelns, sondern es gibt Ziele, die gut und solche, die es nicht sind. Deshalb ist das Gute selbst so schwer, ja beinahe gar nicht faßbar. Es ist, um eine schon einmal herangezogene Stelle aus der *Politeia* nun vollständig zu zitieren, dasjenige, „was jede Seele anstrebt und dessentwillen sie alles tut, ahnend, daß es etwas sei, doch ratlos und unfähig, hinreichend zu erfassen, was es wohl ist, ebenso außerstande es mit beharrender Gewißheit zu erfahren und darum auch das andere, was irgendwie nützlich wäre, verfehlend“ (Resp. 505e).

„Das andere“, von dem hier die Rede ist, dürften die Tugenden und das mit ihnen erschlossene Handeln sein. Wenig vorher heißt es nämlich, die Idee des Guten sei das Größte, was man wissen kann, durch welches auch das Gerechte und das andere, das sie außer sich selbst noch braucht, erst brauchbar und nützlich werde (Resp. 505a). Dieses andere tut man nur, wo man es für gut hält: Das Gute ist die letzte Ernsthaftigkeit des Entscheidens und Handelns. Mit der Frage, ob etwas gut ist, will man wissen, ob man es wirklich, in allem Ernst tun soll; hier gibt man sich nicht damit zufrieden, ob etwas nur vorteilhaft oder sonstwie erscheint, sondern man sucht zu klären, ob es wahrhaft so ist (Resp. 505d). Wer nach dem Guten fragt, fragt in der Klarheit des Lebens danach, wie das, was er tun kann, in dieser Klarheit und mit ihr zusammenstimmt; alle Ziele des Handelns, alle Handlungsweisen müssen darin zusammengehören, daß man sich in keinem von ihnen mit dem Schein begnügen will.

So ist mit der Frage nach dem Guten nach einer Einheit des Lebens gefragt, die als solche weder handelnd verfügbar ist noch aus unbeteiligtem Abstand erfahren und beurteilt werden kann. Und jetzt wird auch klar, weshalb Sokrates der These der Sophisten von der Lehrbarkeit der Tugend widerspricht: Was die Frage nach dem Guten eigentlich meint, ist nicht lehrbar; daß Tugend nicht lehrbar ist, geht letztlich auf die Sonderstellung der Idee des Guten zurück. Weil mit dem Guten die im Grunde unverfügbare Einheit des Lebens genannt ist, ist das Gute so schwer „hinreichend zu erfassen“, und die Seele, der Mensch in seiner Lebendigkeit also, kann es nur „ahnen“. Dieses Ahnen heißt auf Griechisch „*apomanteúein*“, was auch „eine göttliche Inspiration empfangen“ bedeutet. Das Gute ist so verstanden das Übermenschliche, durch welches und in welchem das menschliche Leben erst zu einheitlicher Klarheit gelangen kann. Die Frage nach dem Guten ist der philosophische Überstieg des menschlichen Wissens. In der Frage nach dem Guten liegt eigentlich der Dienst für den delphischen Gott. Die Idee des Guten ist letzlich der philosophische Sinn des delphischen Orakels. Man muß sich darum nicht wundern, daß Sokrates in der *Politeia* zu seinem Gesprächspartner Glaukon sagen kann, daß die Idee des Guten das Größte sei, was man wissen könne, habe er, Glaukon, „nicht selten" gehört (Resp. 504e). Sokrates sagt es allenthalben, auch wenn er die Idee des Guten nicht ausdrücklich nennt, und Glaukon wird es nicht selten von ihm gehört haben.

Gehört haben es in der Verkleidung des hedonistischen Experimentes auch die im *Protagoras* versammelten Sophisten, und Sokrates hat es hier auch nicht daran fehlen lassen, auf den Sinn seines zentralen Gedankens hinzuweisen. Ein guter Mensch zu *werden*, so heißt es einmal, sei schon schwer, aber für eine Zeit immerhin möglich; doch nachdem man es geworden sei, es auch zu bleiben und ein guter Mensch zu *sein*, sei unmöglich und nicht menschlich – allein einem Gott kommt die Ehre des Gutseins zu (Prot. 344b-c). Weil das so ist, bedarf es immer der Darstellung des Guten an dem, was für gut gehalten werden kann; damit diese Darstellung als solche durchsichtig ist, bedarf es jedoch eines gesicherten Weges, um das für gut Gehaltene auf sein mögliches Gutsein hin zu befragen. Dafür steht im *Protagoras* die Meßkunst des Angenehmen und Unangenehmen. Mit der Meßkunst ist ein Hinweis darauf gegeben, daß ein Leben nur dann wirklich der Frage nach dem Guten unterstellt ist, wenn es unter der Führung des Wissens (*epistêmê*) geführt wird (Prot. 356e).

Davon, daß Sokrates dieses Prüfungsverfahren eine Kunst, eine *technê*, nennt, sollte man sich nicht irritieren lassen. Sokrates fällt nicht auf die sophistische Position einer Kunst des gemeinschaftlichen Lebens, einer *politikê technê*, zurück und hat sich auch nicht insgeheim zu der These bekehrt, derzufolge die Tugend lehrbar ist. Die Meßkunst lehrt gerade nicht, daß und wie man die Frage nach dem Guten beantworten soll. Das Entscheidende liegt ihr voraus, so daß es auch nicht als Resultat kunstfertiger Bemühung hervorgebracht werden kann. Die Ernsthaftigkeit des Lebens im ganzen kann nicht gelehrt werden. Wo im Hinblick auf die Führung des Lebens das einer Kunst vergleichbare Wissen ins Spiel kommt, steht das, worauf es wirklich ankommt, nicht mehr zur Disposition.

Die Bedeutung des Wissens ist auch noch in anderer Hinsicht einzugrenzen. Protagoras läßt sich gegen Ende des Dialogs auf die Sokratische These von der Einheit der Tugenden ein, nachdem er zuvor (Prot. 329d-330a; 349b-c) ihre Verschiedenheit behauptet hatte. Jedoch möchte er wenigstens noch eine Sonderstellung der Tapferkeit festhalten (Prot. 349d). Das führt zu einer recht unbefriedigenden Bestimmung der Tapferkeit; doch daß sie unbefriedigend ist, markiert einen wichtigen Punkt. Die Tapferkeit, so sagt Sokrates, sei das Wissen (*sophia*) des Furchtbaren (*deinon*) und des nicht Furchtbaren (Prot. 360d). Das ist nicht falsch, aber zu wenig; denn Tapferkeit besteht ja nicht bloß darin, daß Furchtbare und sein Gegenteil zu kennen und auseinander zu halten, sondern sich ihm gegenüber in bestimmter Weise zu verhalten – das war es, was Protagoras im Sinn hatte, als er die Sonderstellung der Tapferkeit betonte. Sicher war diese Betonung einseitig, weil sie das in der Tapferkeit wirkende Wissen unberücksichtigt ließ; doch falsch war sie nicht.

Wo man versucht, eine Tugend in der Orientierung am Wissen zu bestimmen, wird man also leicht zu allgemein. An anderer Stelle macht Sokrates deutlich, daß er sich darüber im klaren ist. Nachdem Nikias im Dialog *Laches* die Tapferkeit als das Wissen vom vergangenen, gegenwärtigen und zukünftigen Guten und Schlechten (Lach. 199b-c) bestimmt hat, gibt ihm Sokrates zu bedenken, daß er so nicht bloß einen Teil der Tugend, sondern die ganze Tugend bestimmt habe (Lach. 199d-e).

Würde man sich mit einer solchen Bestimmung der „ganzen Tugend" zufriedengeben, verstünde man nicht mehr, was es im besonderen Fall, unter besonderen Umständen heißt, sich tugendhaft zu verhalten. Die Differenzierungen zwischen „tapfer", „gerecht", „fromm" und „besonnen" sind notwendig, um zu sagen, wie genau jemand tugendhaft oder gut sein kann. Daß man auf die Frage, was das jeweils heißt, in den Sokratischen Gesprächen keine Antwort findet, sollte kein Anlaß zu der Folgerung sein, Sokrates käme mit dieser Besonderheit nicht zurecht. Für die Tugendhaften ist sie selbstverständlich: als Haltung aus Erfahrung; sie verhalten sich nicht nur tugendhaft, sondern sind es. Daß die beiden athenischen Feldherren

Nikias und Laches, mit denen Sokrates den der Tapferkeit gewidmeten Dialog führt, nicht wissen sollten, wie es ist, sich tapfer zu verhalten, wäre eine wunderliche Unterstellung. Sagen können sie das immer nur anhand von bestimmten Beispielen.

Zwar gibt Sokrates sich mit solchen Beispielen nicht zufrieden, und dadurch kommen die den Tugenden gewidmeten Gespräche überhaupt erst in Gang; zwar ist das Ergebnis des *Laches* durchaus nicht bloß mißlich, sondern ganz im Sinne der Sokratischen Strategie und des Sokratischen Denkens – Sokrates drängt auf das Allgemeine. Aber damit ist ja nichts anderes gemeint als der Versuch, dem Besonderen seinen Stellenwert im Zusammenhang des bewußt und ernsthaft geführten Lebens, im Zusammenhang eines leitenden Wissens anzuweisen und nicht, das Besondere zu mißachten. Denn was jetzt, in dieser bestimmten Situation, tapfer ist und was nicht, muß nur entscheiden, wer sich in dieser Situation befindet; und es kann nur jemand entscheiden, der entsprechende Situationen kennt. Darin wiederum artikuliert sich ein Wissen – aber ein Wissen, das sich nur schwer und im Wichtigsten gar nicht vom Leben ablösen läßt: Weil es in der Erfahrung verankert ist und darin, wie jemand sich zu seinem Leben im ganzen und damit letztlich zur Idee des Guten verhält.

Wie man also an einem – auch für die Skeptiker sokratischen – Dialog wie dem *Protagoras* sieht, ist Sokrates ohne Ideenlehre nicht zu begreifen. Doch es wäre nicht sinnvoll, alles, was in Platons Dialogen zum Problemkomplex der Ideen gesagt wird, Sokrates zuzurechnen, und also bleibt jetzt zu klären, wo die Ideenlehre des Sokrates ihre Grenzen hat. Mit der Gestalt des Sokratischen Philosophierens tritt so auch das Platonische als Hohlform hervor.

4. Die Grenzen der Sokratischen Ideenlehre

Im Zentrum der Sokratischen Ideenlehre steht die Idee des Guten. Ohne sie bleibt es unverständlich, daß Sokrates, gemäß dem ihm von Aristoteles zugeschriebenen Grundsatz, Tugend als Wissen verstehen (Eth. Nic. VI 1144b 17–21) und dennoch die Lehrbarkeit der Tugend bestreiten kann. Und ohne sie bleibt ebenfalls der andere für das Sokratische Philosophieren zentrale Satz unverständlich, demzufolge niemand willentlich einen Fehler macht. Doch bezeichnend für das Denken des Sokrates ist es auch, daß die Idee des Guten als solche außer in der *Politeia* nicht zur Sprache kommt. Sie ist, gemessen an dem, was Sokrates sonst eine Idee nennt, ein Grenzfall, und entsprechend wird sie in der *Politeia* gekennzeichnet.

Daß die Idee des Guten der Grenzfall einer Idee ist, hat damit zu tun, daß das Gute auf ganz besondere Weise Eines ist: Seine Einheit, sein einheitsstiftender Charakter wirkt auf alles Handeln und Verhalten, ohne daß die besondere Bestimmtheit des Handelns und Verhaltens dabei zur Geltung kommt. Bei der Frömmigkeit, wie sie im *Euthyphron* erörtert wurde, ist das anders: Wer die Idee der Frömmigkeit verstanden hat, weiß sich in bestimmter Hinsicht richtig zu verhalten; hier wirkt ein Wissen, das zwar keinen eingegrenzten Gegenstandsbereich hat – das soll am zweifelhaften Verhalten Euthyphrons gerade widerlegt werden –, aber doch durch eine eigene Perspektive, gleichsam ein eigens gefärbtes Licht gekennzeichnet ist und sich primär in besonderen Verhältnissen artikuliert.

Im *Euthyphron* demonstriert Sokrates außerdem, wie wenig trivial seine Auffassung der Frömmigkeit als eines gelebten Ideenwissens ist. Sein Gesprächspartner ist weit entfernt davon, ein solches Wissen zu haben, und das gibt er zu erkennen, indem er sich gedankenlos auf die dichterische Überlieferung verläßt. Ähnliches kann man auch dem *Menon* entnehmen, wo es Sokrates einige Mühe kostet, seinem Gesprächspartner den Gedanken von der Tugend als Wissen nahezubringen (Men. 87c–89a). Die Pointe besteht darin, daß Sokrates eine Konzeption des Wissens, die im Bereich der Tugenden nicht selbstverständlich ist, in diesem Bereich erst entwickelt.

Die *Apologie* zeigt, wo diese Konzeption des Wissens ihren ursprünglichen Ort hat: in der *technê*. Denn diese war das einzige, was Sokrates als Wissen gelten ließ, und damit tritt nun die eigentümliche Situation des Sokratischen Denkens hervor: Sokrates orientiert sich einerseits am Wissen der *technê*, und andererseits grenzt er das Tugendwissen gegen die *technê* ab, indem er die Lehrbarkeit des Tugendwissens bestreitet. Das hat seinen Grund darin, daß jedes Tugendwissen nur so genannt zu werden verdient, sofern es im Lichte des Guten steht.

Dafür, daß Sokrates sich für sein Verständnis der Tugend als Wissen an der *technê* orientiert, bietet der – auch für Puristen wie Vlastos Sokratische – *Gorgias* das deutlichste Zeugnis. Sokrates muß sich hier zu Unrecht dafür schelten lassen, daß er von Schuhen und dergleichen banalem Handwerkskram redet (Gorg. 490e). Denn das Wissen, das in der Tätigkeit des Handwerkers am Werke ist, wird ihm hier sogar zur Voraussetzung dafür zu erläutern, was Tugend eigentlich ist.

Gegen Ende eines langen Disputes mit dem jungen, sophistisch geschulten Kallikles über Gerechtigkeit und Ungerechtigkeit, Maßlosigkeit und Selbstbeherrschung sagt Sokrates hier: „Sag, der gute Mann, das heißt der, der auf das Beste hin redet, wird doch nicht planlos und ziellos sagen, was er sagt, sondern indem er hinschaut auf etwas, wie auch alle anderen Handwerker auf ihr Werk hinschauen? Keiner von ihnen verwirklicht etwas, indem er planlos und ziellos dieses und jenes aufsammelt, sondern damit das, was er verwirklicht, durch ihn eine bestimmte Gestalt habe. Wenn du dir zum Beispiel die Maler anschaust, die Schiffsbauer, alle die anderen Handwerker, wen du willst, wie jeder das, was er erstellt, in eine Ordnung stellt und das Verschiedene mit dem Verschiedenen zusammenzwingt, damit es deutlich sichtbar sich fügt und zusammenpaßt, bis das Ganze in schöner Anordnung vereinigt besteht. Wie die Handwerker, von denen wir gerade sprachen, verfahren auch die, die es mit dem Körper zu tun haben, die Gymnastiklehrer und die Ärzte; sie ordnen den Körper auf seine Schönheit hin und bringen seine Teile in einen geordneten Zusammenhang." (Gorg. 503d-504a)

Worum es geht, macht man sich am besten klar, indem man den von Sokrates beschriebenen Herstellungsvorgang von etwas in seinen einzelnen Momenten betrachtet. Für jedes Handwerk ist das Zustandebringen eines Werkes (*ergon*) wesentlich

– das muß, wie der Hinweis auf Gymnastiklehrer und Ärzte zeigt, kein hergestellter Gegenstand sein. Sokrates kann den Begriff des Werkes so weit fassen, weil das Entscheidende nicht die Verfertigung eines dann selbständig Vorliegenden und Verfügbaren ist, sondern das Ordnen: Herstellen ist eigentlich Ordnen, und das Werk ist als solches durch seine schöne Ordnung erkennbar. „Schöne Ordnung" heißt *kosmos*, und das Weltall kann so genannt werden, weil auch es eine schöne Ordnung ist.

Das als Ordnen verstandene Herstellen vollzieht sich nun so, daß das Verschiedene mit dem Verschiedenen zusammengezwungen wird, und zunächst wird man dabei nicht zu Unrecht an die Vorbereitung und Zusammenfügung von Materialien denken; doch auch der Arzt fügt bei der Behandlung eines Patienten etwas zusammen, indem er ein rebellierendes Organ wieder dazu bringt, zu sein, was es sein soll: Teil in der schönen Ordnung des Körpers. Um das zu können, muß der Arzt mit dem gesunden Zustand des Körpers vertraut sein; bevor er sich ans Werk macht, muß er wissen, worauf es hinaus soll.

So geht es jedem, der eine *technê* beherrscht. Um, sagen wir, einen ordentlichen Tisch herzustellen, muß man wissen, was wirklich ein Tisch ist. Dazu genügt es nicht, einen Tisch vor Augen zu haben – sonst würde jeder die Kunst des Tischlers beherrschen. Noch nicht einmal genügt es, einen Tisch auseinanderzunehmen und die Zusammensetzung seiner Teile zu studieren; die Teile des fertigen Tisches sind schon so aufeinander abgestimmt, daß sie sich vielleicht sogar ohne größere Mühe wieder zusammensetzen lassen. Nicht in der Zusammensetzung, sondern in der sie ermöglichenden Abstimmung des Materials lag die Kunst des Tischlers. Das Ganze, das er im Sinne hatte, als er sich an die Herstellung des Tisches machte, war bei der Abstimmung leitend.

Dieses Leitende kommt mit dem vollendeten Werk zum Erscheinen, und als diese Erscheinung nennt Sokrates sie „Gestalt", *eidos*. Doch die Gestalt ist das, worauf der Handwerker zu Beginn seiner Arbeit schon „hinschaut". So ist die Gestalt nicht das Sichtbare, sondern die im voraus gewußte Ordnung, die auch das Sichtbare erst ein Bestimmtes und in seiner Bestimmtheit Verstehbares sein läßt. Die Gestalt ist die Idee, welche man dann aus dem Sichtbaren heraus versteht. Doch der Handwerker muß die Gestalt schon verstanden haben, damit er sie zur Sichtbarkeit zu bringen vermag.

Wenig später im *Gorgias* variiert Sokrates diesen Gedanken der Herausstellung einer schon verstandenen Gestalt, indem er aus ihm den Gedanken der menschlichen Tugend gewinnt. Das ist ganz mühelos, denn das griechische Wort, das zumeist mit „Tugend" wiedergegeben wird, *aretê*, bedeutet ja allgemein den besten Zustand von etwas. Sokrates kann darum von der aretê eines Gebrauchsgegenstandes, eines Körpers, einer Seele und eines ganzen Lebewesens sprechen (Gorg. 506d); damit meint er, daß in jedem Fall die Ordnung, die das bestimmte Sein des Jeweiligen ausmacht, in höchstmöglicher Ausprägung hervortritt. Das gute Leben ist nicht das Resultat einer Kunst, weil ihm keine bestimmte Idee zugrundeliegt, die man herstellend zur Geltung bringen könnte. Die Einheit des Lebens geht über das eigentlich menschliche Wissen hinaus, und dennoch läßt sich die bestimmte Ausprägung eines guten Lebens analog zur Kunst im Sinne der *technê* begreifen.

Diese Analogie macht allerdings erst recht klar, wie entschieden die Sokratische Ideenlehre an ein Wissen gebunden ist, das sich im Vollzug – sei es des Herstellens, sei es des Handelns – erweist und nicht propositional, in der sprachlichen Feststellung von Sachverhalten. Das also ist die Grenze des Sokratischen Denkens in ihrem ersten Aspekt: Über die Orientierung am Herstellen und Handeln geht Sokrates nicht hinaus. Anders formuliert heißt das: Die Sokratische Philosophie ist nicht wissenschaftlich; nie ist es ihr um die Erforschung und Bestimmung der Phänomene zu tun. Platon hat das mit den Möglichkeiten seiner literarischen Darstellungskunst deutlich gemacht.

Ein erster Beleg dafür ist die *Politeia*. Daß Sokrates, wie schon einmal erwähnt, das philosophische Gespräch mit der Frage eröffnet, was die Gerechtigkeit sei, gehört auch für die Puristen zu den originären Darstellungen Sokratischen Philosophierens. Und wenn diese Frage dann in der Weise eines langen Gedankenexperimentes erörtert wird, das in der gedanklichen Gründung einer Polis besteht, so stimmt das zumindest im Grundgedanken mit dem *Gorgias* überein: Gerecht, so lautet nämlich der Ausgangspunkt des Experimentes, nennt man sowohl Individuen als auch Staaten; und wenn darum nach der Gerechtigkeit des Staates gefragt wird, um die des Individuums besser zu verstehen, dann setzt das genau die Konvergenz verschieden realisierter Ordnungsstrukturen voraus, die Sokrates im *Gorgias* entwickelt. Gerechtigkeit ist eine Ordnung des Individuums in seiner Lebendigkeit, eine Ordnung der Seele ebenso wie sie eine Ordnung des Staates ist.

Im Hinblick auf die Frage, wie die Konvergenz von Seele und Staat sich genauer verstehen läßt, bleibt Sokrates allerdings zurückhaltend. Nachdem sich beim Gedankenexperiment der Staatsgründung eine Dreigliederung des Staates in Herrscher, Wächter und Bürger ergeben hatte, liegt es nahe, diese Dreigliederung auf die Seele des Individuums zu übertragen. Zu klären, ob und wie das möglich ist, nennt Sokrates „ein übles Problem" (*phaulon ... skemma* / Resp. 435c); es bedürfe eines größeren, eines umfangreicheren Weges (*makrotera kai pleion hodos*), um hier in befriedigender Weise zum Ziel zu gelangen (Resp. 435d). Die Frage, ob die Seele dreigliedrig ist oder nicht, wird dann weniger genau, auf kürzerem Wege erörtert und entschieden. Und selbst wenn das differenzierter als in den früheren Dialogen geschieht, ist der Grundgedanke, daß in der Seele das Wissen herrschen müsse, schon im *Protagoras* genannt (Prot. 358c): Wer sich selber beherrschen kann, ist in seiner Lebendigkeit notwendigerweise gegliedert.

Obwohl er sich ausdrücklich mit dem kürzeren Weg einverstanden erklärt, indem er sagt, dieser reiche ihm vollkommen (Resp. 435d), nimmt Sokrates das Problem später noch einmal auf. Noch entschiedener betont er jetzt das Unzureichende des kürzeren Weges, weil es auf ihm nicht möglich sei, mit dem Größten im Wissen zum Ziele zu kommen (Resp. 504d). Die Rede ist hier natürlich von der Idee des Guten, und Sokrates gesteht also nicht weniger zu, als daß sein Denken zu einem befriedigenden Verständnis des Guten nicht vordringt.

Das ist weder falsche Bescheidenheit noch Ironie; Sokrates hält hier kein Wissen zurück, das er unter anderen Umständen, mit anderen Gesprächspartnern artikulieren könnte, sondern er sagt schlicht die Wahrheit. Denn das befriedigende Verständnis des Guten ist gemäß der früheren Stelle davon abhängig, daß die Konvergenz von Seele und Staat befriedigend geklärt wird. Wie wenig das die Sache des Sokrates ist, zeigt Platon in einem anderen Dialog, dem *Timaios*.

Der *Timaios* knüpft sachlich an die *Politeia*, im literarischen Arrangement aber an ein anderes Gespräch an, in dem ähnliche Probleme verhandelt worden sind. In diesem Gespräch war, wie Sokrates ausführt, der vollkommene Staat ohne das politische Leben vorgestellt worden, und daran zurückdenkend sei man in ähnlicher Situation wie einer, der schöne Lebewesen nur gemalt oder, wenn wirklich, dann nur ruhend betrachtet hätte; wie so jemand habe er, Sokrates, nun Lust, den gedanklich gegründeten Staat in Bewegung zu sehen (Tim. 19b). Denkt man an die *Politeia* zurück, müßte klar sein, worum es hier geht: Versteht man Seele, *psychê*, als Lebendigkeit, so ist hier nach der Seele des Staates gefragt, und damit wird auch das in der *Politeia* offen gebliebene Konvergenzproblem aufgenommen: Um die Konvergenz von Individuum um Staat verständlich zu machen, muß man die Lebendigkeit des Staates aufweisen.

Darüber geht der Dialog dann aber weit hinaus, indem die Natur des Ganzen (*physis tou pantos*), das Werden des Kosmos (*kosmou genesis*) zum Thema gemacht wird (Tim. 27a). Und dabei wiederum kommt die Struktur der Seele derart zur Sprache, daß auch ihre in der *Politeia* schon eingeführte Dreigliedrigkeit verstanden werden kann. Zu alledem sagt Sokrates kein Wort mehr.

Die Bestimmung der Seele, wie Timaios sie im Laufe seines Vortrags (Tim. 35a-36d) entwickelt, besagt in der Hauptsache, daß die Seele aus Selbigkeit, Verschiedenheit und Sein zusammengesetzt ist. Selbigkeit, Verschiedenheit und Sein aber sind Ideen, und zwar Ideen von der Art, wie sie im *Sophistes* als „die größten Ideen“ (*megista genê*) bezeichnet werden (Soph. 254c).

Es sind Ideen, die deshalb „die größten“ heißen, weil es nichts gibt, das nicht in ihrem Lichte zum Vorschein kommt. Vor allem aber sind es Ideen, mit denen sich ganz anders umgehen, ganz anders denken läßt als es im Sokratischen Philosophieren geschieht. Es sind Ideen, mit denen sich so etwas wie eine Grammatik der Welt im ganzen und eine dementsprechende Theorie der Erkenntnis entwickeln läßt. Nur mit ihnen kann man wirklich verstehen, wie das Gute sich als Ordnung der Seele darstellt. Die Orientierung an den größten Ideen ist Sokrates fremd, und deshalb dringt er zu einer befriedigenden Darstellung der Idee des Guten nicht vor.

Das Ideendenken, wie es im *Timaios* und im *Sophistes* vorgeführt wird, unterscheidet sich vom Sokratischen Denken vor allem darin, daß in ihm die Ideen nicht mehr den Phänomenen entgegengesetzt werden. Diese Entgegensetzung ergibt sich bei Sokrates nahezu von selbst aus der Orientierung am Modell der *technê*: Was jemand, der eine Kunst oder ein Handwerk beherrscht, im Sinne hat, worauf er, mit der Formulierung aus dem *Gorgias*, „blickt“, ist die Idee einer Sache, welche dann, auf dem Weg des Herstellens, in die Sichtbarkeit herausgestellt wird. Zwar hat das Sichtbare sein bestimmtes Sein nur aufgrund seiner ideellen Ordnung; aber diese Ordnung läßt sich vom Sichtbaren allein schon unterscheiden, weil sie dadurch nicht erschöpft ist, daß sie in diesem einen Sichtbaren erscheint. Der Tischler kann viele Tische machen und derart eine Idee auf vielfache Weise darstellen (Resp. 597a). Damit ist die Grenze der Sokratischen Ideenlehre in ihrem zweiten Aspekt bezeichnet: Die Sokratische Ideenlehre ist dualistisch; sie lebt aus dem Spannungsverhältnis von Idee und Erscheinung.

Dieses Ergebnis kann insofern befremden, als es der verbreiteten Meinung entgegensteht. Im allgemeinen wird die Entgegensetzung von Idee und Erscheinung Platon zugeschrieben, während man annimmt, Sokrates habe mit dieser „metaphysischen Ideenlehre“ nichts zu tun (z.B. Vlastos, S. 91). Für diese Überzeugung gilt auch wieder Aristoteles als Gewährsmann.

Sokrates, so heißt es bei Aristoteles, „verstand das Allgemeine nicht als Abgetrenntes und auch die begrenzenden Bestimmungen nicht; jene aber trennten es ab und nannten das so Beschaffene vom Seienden 'Ideen'" (Met. XIII 1178b 30–32). Das Verständnis dieses Satzes hängt davon ab, daß man ihn nicht isoliert liest, sondern vor dem Hintergrund der eigenen philosophischen Position des Aristoteles. Dann nämlich wird man von vornherein ausschließen können, daß die Kritik an der hier skizzierten Ideenlehre eine Kritik an der Ideenlehre generell ist. Im Buch VII der *Metaphysik* gibt Aristoteles sich größte Mühe zu zeigen, daß das Wesen einer Sache nur als Idee (*eidos*) zu denken ist; die Sache wiederum ist nicht einfach nur mit ihrem Wesen identisch, sondern sie ist ein „Zusammenganzes" (*synholon*), ein Zusammengesetztes aus Gestalt und Materie. Bei allen eigenen Akzenten, die Aristoteles setzt, tut man ihm deshalb auch kaum Unrecht, wenn man seine Konzeption als Variante derjenigen versteht, die im *Gorgias* entwickelt ist. Auch Aristoteles orientiert sich bei seiner Ideenlehre am Modell der Hervorbringung, und das ist es, was ihn ausdrücklich für die Sokratische Position Partei nehmen läßt.

Dann aber liegt es auch nahe, die Kritik an Platon und seinen ihm folgenden Schülern als Kritik an der Ideenlehre im Sinne des *Timaios* und des *Sophistes* zu begreifen. Hier kann ja insofern überhaupt erst von einer wirklichen „Abtrennung" die Rede sein, als nun die Ideen nicht mehr bezogen auf die von ihnen unterschiedenen Phänomene erörtert werden. Ob diese Kritik berechtigt ist, muß hier nicht erörtert werden, denn es gehört nicht mehr in den Horizont des Sokratischen Denkens. Gegen sie spricht jedoch schon, daß Platon das Problem einer Verdoppelung der Welt selbst diskutiert, und zwar als Schwäche der Sokratischen Ideenlehre. Das geschieht im *Parmenides*, der so auf andere Art als *Timaios* und *Sophistes* von der Grenze des Sokrates handelt.

Die Situation des *Parmenides* ist mit an Sicherheit grenzender Wahrscheinlichkeit fiktiv; daß der etwa zwanzig Jahre alte Sokrates mit dem eleatischen Denker ein Gespräch geführt hat, ist höchst unwahrscheinlich. Doch das mindert nicht die Bedeutung des Dialogs für das Portrait, das Platon von Sokrates zeichnet. Sokrates läßt sich im *Parmenides* auf Dinge ein, denen er eigentlich nicht gewachsen ist; im reiferen Alter, so wollen *Timaios* und *Sophistes* zeigen, würde er das nicht mehr tun. Doch daß er ihnen nicht gewachsen ist, gilt für ihn auch im reiferen Alter, und indem Platon einen jugendlich vorwitzigen Sokrates imaginiert, kann er Schwächen darstellen, die am erfahrenen Philosophen unglaubwürdig wären.

Auf sein wenig ruhmvolles Abenteuer mit dem großen Eleaten blickt Sokrates nach dem Willen seines Portraitisten im *Theaitetos* zurück. Von dem jungen Mathematiker Theaitetos aufgefordert, zur philosophischen Position des Parmenides Stellung zu nehmen, verweigert sich Sokrates freundlich, aber bestimmt. Er fürchte, so wendet er ein, was Parmenides gemeint habe, werde unverständlich bleiben, und, was noch wichtiger sei, man werde das Thema des Gesprächs vernachlässigen müssen (Theait. 183e). Dieses Thema ist die Frage nach dem Wesen der Erkenntnis (*epistêmê*), und Sokrates ist überzeugt davon, es führe zu weit ab, wenn man klären wolle, wie man von dieser Frage auf so schwerwiegende Problemzusammenhänge wie die Philosophie des Parmenides überhaupt gekommen sei; außerdem sei das eine Aufgabe eigener Art, die man nicht hinreichend bewältigen könne, wenn man sie jetzt, zur Unzeit, in Angriff nehme (Theait. 184a).

Diese Entscheidung ist schlichtweg falsch: Wie der dramatisch an den *Theaitetos* unmittelbar anschließende *Sophistes* demonstriert, hätte gerade die Verbindung der Frage nach der Erkenntnis mit einer Erörterung des Eleatismus die Lösung gebracht. Sokrates hat Angst vor ontologischen Grundsatzerörterungen, nachdem im *Parmenides* der Titelheld an der Sokratischen Version der Ideenlehre kein gutes Haar gelassen hatte (vgl. dazu Figal 1993).

Es ist ein Platonischer Kunstgriff, daß ausgerechnet Theaitetos im *Sophistes* lernen darf, wozu Sokrates ihm nicht verhelfen kann. Denn Theaitetos ist eine Sokrates-Figuration – gleich zu Beginn des Hauptgesprächs im nach ihm benannten Dialog wird die große physiognomische Ähnlichkeit zwischen beiden hervorgehoben (Theait. 143e). Theaitetos ist ein junger Sokrates, der – als der geniale Mathematiker, der er ist – noch einmal anders zu philosophieren anfängt. Theaitetos, so möchte die Rahmenhandlung des Dialogs suggerieren, war der verheißungsvolle Anfang einer auf mathematischem Genie gegründeten und derart anders anfangenden Sokratischen Philosophie; es war ein Weg, der mit dem Tod des jungen Mannes in der Schlacht abgebrochen wurde.

Demgegenüber bleibt eine zweite Sokrates-Figuration, die im Dialog über den Staatsmann eingeführt wird, eigentümlich blaß. Doch schließlich hat dieser junge Mann, wie Sokrates festhält, mit ihm auch nur den Namen gemeinsam, während Theaitetos mit ihm das Aussehen (Pol. 257d) teilt. Dazu fügt es sich, daß Sokrates zwar ein Gespräch mit Sokrates in Aussicht stellt (Pol. 258a), doch dieses Gespräch niemals führt.

Gerade weil Theaitetos dem alten und „echten" Sokrates so ähnlich ist, könnte er zu einem zweiten Sokrates aus eigener Kraft nicht werden. Er bedarf der Unterweisung durch den im *Sophistes* als Hauptfigur agierenden eleatischen Fremden, einen Schüler des Parmenides, der sich im Laufe des Gesprächs von seinem Lehrer unabhängig macht. Es bedarf eines entscheidenden Impulses über das Sokratische hinaus. Man muß den *Sophistes* vor dem Hintergrund des *Theaitetos* lesen, in dem der alte und „echte" Sokrates sein junges Ebenbild zu philosophischer Einsicht führen will und daran so gründlich wie nirgend sonst scheitert. Ausgerechnet hier hebt er seine philosophische Hebammenkunst hervor, seine Fähigkeit, ohne eigene Einsicht anderen zur Geburt ihrer Einsichten zu verhelfen (Theait. 148e-151d).

Das Scheitern der philosophischen Geburtshilfe an Theaitetos wiegt umso schwerer, als Sokrates die Hebammendienste wohl allgemein nicht ohne Resignation übernommen hat. So zumindest scheint es, wenn Platon ihn sagen läßt, der Gott habe ihn zur Geburtshilfe gezwungen und ihm das Zeugen verwehrt; Sokrates ist kein Weiser, es gibt keine Entdeckung, die Abkömmling seiner eigenen Seele ist (Theait. 150c-d). Das heißt nicht, Entdeckungen seien generell unmöglich; mit dieser Annahme würde das Bild von der philosophischen Geburtshilfe seine innere Logik verlieren. Im Sokratischen Reden und Denken liegt erzwungener Verzicht, ein Verzicht, ohne den es keine Sokratische Philosophie gäbe. Denn diese entsteht nur, weil Sokrates im Bereich des Wissens nicht weiter kommt und die Flucht in den Dialog antritt. Sokratische Philosophie ist in ihrem Wesen dialogisch geworden, weil das forschende Entdecken unmöglich erschien. Dabei muß es nicht bleiben. Im dialogisch eröffneten Bereich sind neue Formen des Entdeckens möglich – darum kann Sokrates auf Theaitetos hoffen. Das Sokratische Denken selbst bleibt hier Übergang; es eröffnet Möglichkeiten, die andere nutzen können. Platon hat sie genutzt.

5. Zuflucht im Dialog

Würde man nicht annehmen, Sokrates habe sich vom Wissen und Wissenwollen abgewandt, bliebe die in der *Apologie* erzählte Geschichte vom delphischen Orakelspruch unverständlich. Welchen Grund sollte Chairephon gehabt haben, überhaupt nach Delphi zu gehen, wenn nicht die Überzeugung, daß Sokrates wirklich der Weiseste sei? Diese Überzeugung konnte sich jedoch nicht auf jene „menschliche Weisheit" gründen, die Sokrates in der *Apologie* für sich in Anspruch nimmt, denn sie entspringt ja erst, indem Sokrates den Spruch des Orakels prüft. Bevor Chairephon sich auf den Weg zum Orakel machte, hat Sokrates sich also um Wissen bemüht; er hat geforscht und vielleicht auch Wissen erworben. In den Texten gibt es auf die Frage nach der Art dieses Wissens nur eine Antwort: Es ist das Wissen einer Naturforschung, wie sie unter vielen anderen Anaxagoras betrieben hat.

Das wird nicht selten bestritten, und auch hier ist Aristoteles wieder die nach verbreiteter Überzeugung sicherste Quelle. Sokrates hat sich, wie Aristoteles sagt, mit den ethischen Dingen (*ta ethika*) beschäftigt und mit der Natur im ganzen nicht (Met. I 987b 1–2). Xenophon behauptet dasselbe, wenn er sagt, Sokrates habe, anders als die meisten anderen, keine Debatten über die Natur des Ganzen geführt; er habe nicht erforscht, wie der von den Sophisten so genannte Kosmos beschaffen sei und welche Notwendigkeiten es für die Dinge am Himmel gäbe, sondern die, welche sich darüber Gedanken machten, für Spinner erklärt (Mem. I.1.11). Und schließlich fügt Platons *Apologie* sich allem Anschein nach in diese Linie ein, wenn Sokrates auch hier sagt, von Naturforschungen verstehe er überhaupt nichts (Apol. 19c).

Doch so eindeutig ist die Sache nicht. Aristophanes karikiert Sokrates als einen Naturforscher, und sogar Xenophon, der sonst alles daran setzt, das intellektuelle Format seines Helden auf das Niveau eines schlichten Pragmatismus zu reduzieren, erwähnt, Sokrates sei im Hinblick auf die Astronomie „nicht ignorant" gewesen (Mem. IV.7.5). Das wiederum fügt sich zu der philosophischen Autobiographie, wie Sokrates sie in Platons *Phaidon* erzählt. Zusammen mit den Indizien, die für eine Distanz des Sokrates gegenüber der Naturforschung sprechen, ergibt die Autobiographie im *Phaidon* ein deutliches Bild: Sokrates war gegenüber der Naturforschung in der Tat „nicht ignorant"; aber er hat sich von ihr gelöst, weil sie die wichtigsten Dinge nicht berührte und zugleich einen Weg des Erkennens versprach, der sich nicht als gangbar erwies.

Die philosophische Autobiographie im *Phaidon* ist eine Wiederholung der Orakelgeschichte; auch in ihr schildert Sokrates seinen Weg in die Philosophie, nur daß jetzt anders als in der *Apologie* die innere Bewegung zur Sprache kommt: Geschildert wird nicht, wie Sokrates sich fragend und prüfend, Gespräche führend den Bürgern zuwendet und so erst wird, was er eigentlich ist, sondern es geht um die Wendung zur Sprache, wie sie im Denken selber geschieht.

Ausgangspunkt dafür ist das Interesse, das Sokrates, wie er erzählt, in seiner Jugend an der Naturforschung hatte. Hält man dieses Interesse für stimmig, so kann man auch gelten lassen, was als Motiv dafür genannt wird: Sokrates wollte „die Ursachen eines jeden wissen, wodurch es wird, wodurch es vergeht und wodurch es ist" (Phdo. 96a). Naturforschung ist gleichbedeutend mit Ursachenforschung; sie ist der Versuch, über ein unmittelbares Verständnis hinauszugehen und Vorgänge im Rückgang auf andere Vorgänge zu begreifen. Begreifen heißt dann: einsehen, was eigentlich geschieht, wenn etwas geschieht; es heißt, das, was geschieht, von einem anderen her zu sehen und so in den ihm wesentlichen Zusammenhang zu stellen.

Wenn Sokrates seine Erfahrung mit Forschungen dieser Art resümiert, indem er sagt, für all das sei er sich ganz untalentiert vorgekommen (Phdo. 96c), so ist allein damit schon klar, daß er nicht bloß Schwierigkeiten mit einzelnen Forschungsergebnissen hatte, sondern mit dem ganzen Verfahren. Die Naturforschung machte ihn blind; er verlernte durch sie, was er zuvor noch zu wissen glaubte (Phdo. 96c). Wo man sich auf die Naturforschung einläßt, überschreitet man sein unmittelbares Verständnis, ohne nun mehr oder besser zu verstehen. Die von den Naturforschern ausfindig gemachten Ursachen sind nicht etwa unplausibel in dem Sinne, daß man nach subtileren, allgemeineren und genauer erkennbaren suchen müßte. Die Ursachenfrage der Naturforschung führt selbst in die Irre.

Andererseits wäre sein Unwissen keine Weisheit, wenn Sokrates auf dem Stand verharren würde, den er mit seiner Skepsis gegenüber der Naturforschung erreicht hat. Zur Weisheit entwickelt die Abkehr von den *Erklärungen* sich nur, wo sie sich dem *unmittelbaren Verständnis* zukehrt um es, anders als das Erklären, in neuem Licht erscheinen zu lassen. Das geschieht, indem Sokrates zunächst an die Ursache erinnert, die im Entscheiden und Handeln wirksam ist: an die Idee des Guten. Das entscheidende Versäumnis der Naturforscher besteht für Sokrates darin, nach dieser nicht gefragt zu haben; hätten sie, statt alle möglichen Erklärungen zu liefern, gefragt, warum alles so, wie es ist, am besten ist – sie hätten einen Atlas gefunden, der stärker und unsterblicher wäre als jener die Erde tragende Riese und der alles besser zusammenhielte als das ausgefeilteste Ursachengeflecht (Phdo. 99b-c). Der Irrweg der Erklärungen läßt sich als Ignoranz gegenüber dem Guten verstehen.

Doch Sokrates plädiert nun nicht für eine an der Idee des Guten orientierte Naturforschung. Damit gibt er wieder seine Grenzen zu erkennen – daß Platon eine solche Forschung nicht für unmöglich gehalten hat, zeigt der *Timaios*. Weil er das Gute als Ursache weder selbst finden noch von einem anderen hat lernen können, gab Sokrates sich, wie er sagt, mit der zweitbesten Fahrt zufrieden (Phdo. 99c-d).

Auf der zweitbesten Fahrt kann man sich nicht vom Wind in den Segeln vorantreiben lassen, sondern muß zu den Rudern greifen. Wie dieses Bild zu verstehen ist, erläutert Sokrates selbst: Die Dinge zeigen sich nicht unmittelbar so, wie sie sind, und der Versuch, das Gute zu erkennen, wäre dem unmittelbaren und ungeschützten Betrachten der Sonne vergleichbar (Phdo. 99d-e). Wer die Sonne betrachten will, verdirbt sich die Augen, und das ist, wie die entsprechenden Stellen der *Politeia* unterstreichen (Resp. 507a; 509c), ein deutlicher Hinweis auf Apoll; wer versucht, den Gott zu erkennen, verliert den Verstand. Darum erschien es Sokrates notwendig, in die Reden zu fliehen und in ihnen die Wahrheit des Seienden zu prüfen (Phdo. 99e).

Die Flucht in die Reden erweist sich recht bald als jene Orientierung an den Ideen, wie sie ausdrücklich schon im *Euthyphron* eingeführt wurde. Aber daß die Orientierung an den Ideen sich als Flucht in die Reden darstellt, dürfte nicht selbstverständlich sein. Das gilt erst recht, wenn die Sokratische Ideenlehre am Modell des Wissens der *technê* gewonnen wurde. Denn mag es für einen Könner auch wesentlich sein, daß er sein Wissen erläutern und anderen weitergeben kann – man wird kaum behaupten können, dieses Wissen zeige sich darin primär; es zeigt sich, indem man ein Werk zustandebringt.

Wenn Sokrates dennoch von einer Flucht in die Reden spricht, hat das mit der zuvor erörterten Ursachenforschung zu tun. Die Einführung der Ideen soll sich nämlich als die „stärkste Rede" (Phdo. 100a) insofern erweisen, als mit ihr auch die Frage nach den Ursachen eine befriedigende Antwort findet. Und das ist wirklich der Fall, wenn das Verständnis etwa von „größer sein" im Sinne der Naturforschung nicht *erklärt* werden kann – wenn man etwas *versteht*, weil man es versteht. Die gleiche Evidenz gilt für das Verstandene: Das Große ist groß, weil es groß ist. Am besten kommt die Evidenz solchen Verstehens in der Sprache zur Geltung, sofern sich der Sinn sprachlicher Ausdrücke auch nicht *erklären*, sondern höchstens *ver-*

ständlich machen läßt. An der Sprache zeigt sich, was man vor allem Erklären und Forschen verstanden hat, und es zeigt sich so, daß die Sprache als Darstellung des Verstandenen durchschaubar ist. Darstellung des Verstandenen sind auch die Dinge, die man als etwas versteht, doch hier hat man die Neigung, sich an sie als Dinge zu halten. Daß ein Ding eine Darstellung ist, leuchtet nicht unmittelbar ein. Dagegen hat Sokrates recht, wenn er sagt, daß man das Seiende genauso in Bildern, in Darstellungen untersucht, wenn man sich an die Rede und wenn man sich an die Dinge hält (Phdo. 100a).

Doch das Verstehen in den Darstellungen der Rede hat den unüberschätzbaren Vorteil der Flexibilität; es kann gelenkt, korrigiert und verbessert werden. Es gehört zum Wesen der Rede, daß sie Anrede ist und derart ihr Korrektiv im Verständnis des Angeredeten hat; wo dieser nicht folgen kann, muß man sich anders zu artikulieren versuchen. Die Rede ist wesentlich Dialog und als solcher lebendige Darstellung, die nicht einem allein glücken, die nicht einer allein bewerkstelligen kann. Es ist eine Weise der Darstellung, an die man sich immer dann halten muß, wenn Verstandenes ausdrücklich zur Darstellung kommen und das Verstehen selbst durchsichtig werden soll. Es ist die Darstellungsweise der Philosophie.

Nun zeigt Platon in seinen Sokratischen Dialogen sehr viel öfter, wie solche Darstellungsversuche scheitern als wie sie gelingen. Man könnte sogar versucht sein, das Scheitern zu einem Kriterium für das Sokratische zu machen. Doch das würde nur oberflächlich zutreffen: Selbst wenn sich immer wieder zeigt, daß die Gesprächspartner des Sokrates dem Anspruch des Gesprächs nicht gewachsen sind, es kommt Sokrates nicht bloß darauf an, die Prätentionen eines Euthyphron, die Klärungsversuche eines Laches, Nikias oder Menon als haltlos zu erweisen; dies so genau und im einzelnen zu tun, hat überhaupt nur Sinn, wenn Klärungsversuche auch gelingen können.

Ein solches Gelingen spricht Sokrates an schon einmal zitierter Stelle im *Gorgias* an, wo er das Reden am Maßstab der Handwerkskunst mißt und sagt, jemand, „der auf das Beste hin redet“ werde „doch nicht planlos und ziellos sagen, was er sagt, sondern indem er hinschaut auf etwas" wie die Handwerker auf ihr Werk (Gorg. 503d-e). Was damit im Hinblick auf die Rede gemeint sein könnte, wird jedoch nicht weiter ausgeführt, sondern erörtert wird nur das Verhältnis von Idee und Werk in der *technê*. Auch im *Euthyphron* bleibt es bei einer Andeutung, wenn Sokrates nach einigen vergeblichen Bestimmungsversuchen der Frömmigkeit sagt, es käme ihm darauf an, daß die Reden verharrten und unbeweglich still säßen, statt immerzu neue Perspektiven zu eröffnen (Euthyphr. 11d).

Eine Antwort gibt hier erst der *Phaidros*, wobei unterstellt ist, daß dieser Dialog frühestens der mittleren Gruppe von Platons Werken angehört (Guthrie IV, S. 396f.). Sokrates entwirft hier das Programm einer Redekunst, die zum Ziel haben soll, das vielfach Zerstreute in eine Gestalt zusammenzusehen, damit sie, indem sie jedes jeweils umgrenzt, zur Klarheit bringt, worüber sie jedesmal lehren will (Phdr. 265d); es geht um Erkundung des Wissens; nicht um endgültige Definitionen, sondern darum, am Vielfältigen die zusammenfassende Kraft des Wissens erscheinen zu lassen, die Einheitlichkeit des Gewußten in seine Aspekte und Erscheinungen zu entfalten. Damit ist das in einem Dialog wie dem *Euthyphron* beabsichtigte, aber nicht gemeisterte Verfahren bezeichnet: Es gilt in der Rede, die Idee darzustellen, so daß die Verständlichkeit des in ihr Verständlichen offenbar wird. Und das wiederum ist dem Verfahren des Handwerkskünstlers verwandt, der auch nicht „planlos und ziellos dieses und jenes aufsammelt", sondern erreichen will, daß „das, was er verwirklicht, durch ihn eine bestimmte Gestalt habe" (Gorg. 503e). Wo in der Rede eine solche der Handwerkskunst entsprechende Versammlung möglich ist, kann ebenso auch dem Einzelnen Rechnung getragen werden; indem man das Viele zu Einem versammelt, versteht man auch die vielfältigen Aspekte des Einen und vermag das Eine im Hinblick auf verschiedene Gestalten zu zerteilen (Phdr. 265e), das heißt: seine verschiedenen, je wieder einheitlichen Ausprägungen zu unterscheiden. Er selbst sei, so fügt Sokrates hinzu, ein Liebhaber solcher Unterteilungen und Zusammenführungen, um zum Reden und zur Einsicht fähig zu sein (Phdr. 266b). Sokrates sagt auch noch, wie diese Redekunst heißen soll: Dialektik (Phdr. 266c).

Das skizzierte Programm der Dialektik wird nun vor allem in den späten Dialogen wie dem *Sophistes* und dem *Politikos* ausgeführt, was nicht bloß für eine Spätdatierung des *Phaidros*, sondern auch für den unsokratischen Charakter des ganzen zu sprechen scheint. Andererseits läßt Platon dieses Programm wohl nicht umsonst von Sokrates artikulieren – und dies noch so, daß Sokrates sich emphatisch mit ihm identifiziert. Außerdem sind die im *Phaidros* entwickelten Grundlinien der Dialektik nicht eigentlich neu: Schon der nach allgemeiner Überzeugung sokratische *Protagoras* hat es mit Einheit und Vielheit der Tugend zu tun. Einheit und Vielheit der in ihrer Verständlichkeit darzustellenden Sache sind die Voraussetzungen jedes Sokratischen Gesprächs, und es sind inhaltliche Fragen, durch die *Sophistes* und *Politikos* neue Akzente setzen und zu einer anderen Ausprägung der Dialektik gelangen: die Fragen der Ontologie im *Sophistes* und eine nicht mehr Sokratische Konzeption des Politischen im *Politikos*.

Wäre die Sokratische Gesprächsführung nicht einem Maß unterstellt, wie es mit den beiden Aspekten der Dialektik bezeichnet ist, könnte man schließlich nicht mehr gut eine Abgrenzung machen, ohne die Sokrates nicht zu begreifen ist: die Abgrenzung zu den Sophisten. Die Sokratische Gesprächskunst und die sophistische Redekunst können nicht dasselbe sein, auch wenn sie an der Oberfläche einander manchmal bis zum Verwechseln gleichen. Wäre der Unterschied von Dialektik und Rhetorik offensichtlich, Platon hätte ihn nicht mehrfach zum Gegenstand weit ausholender Klärungsversuche gemacht.

Der *Apologie* zufolge haben die Athener Sokrates jedenfalls für einen sophistischen Rhetoriker gehalten. Sonst müßte sich Sokrates nicht gleich zu Beginn seiner Verteidigung gegen die Unterstellung verwahren, er sei versiert und gefährlich im Reden; Sokrates will kein Rhetor sein, es sei denn, die Versiertheit der Redekunst bestünde darin, die Wahrheit zu sagen (Apol. 17b). Zu den Vorurteilen, die seiner Überzeugung nach die Anklage gegen ihn erst ermöglicht haben, rechnet Sokrates die Behauptung, er könne „die schwächere Rede zur stärkeren machen“ (Apol. 18b). Das aber ist, wie wir von Aristoteles wissen, eine Fähigkeit, die Protagoras für sich in Anspruch genommen hat (Rhet. 1402a 23).

Es ist nicht leicht, das Bild, das die Athener von Sokrates haben, zu entkräften; die Beteuerung, er sage nichts als die Wahrheit, kann der gar nicht einmal besonders raffinierte Zug eines Rhetors sein – wer würde das Gegenteil sagen? Gegen den rhetorischen Charakter der Sokratischen Verteidung spricht noch nicht einmal, daß Sokrates darauf verzichtet, sich durch seine Reden einen Vorteil zu verschaffen und im Gegenteil seinen Richtern durch gezielte Provokation kaum eine andere Wahl läßt als ihn zu verurteilen. Sokrates hat wirklich die für die Athener schwächere Rede zur stärkeren gemacht, indem er um den Preis des eigenen Lebens für die Philosophie eingetreten ist.

Wenn es rhetorisch ist, sprachliche Mittel strategisch einzusetzen, dann ist Sokrates sehr oft rhetorisch. Rhetorisch ist er nicht weniger, wenn die Redekunst es darauf anlegt, Zuhörer zu überzeugen, statt Einsicht bei ihnen hervorzurufen. Hat Kriton am Ende des nach ihm benannten Dialogs wirklich eingesehen, daß es besser sein soll, im Gefängnis zu bleiben und zu sterben, statt die Flucht zu ergreifen? Er könne nichts mehr sagen – das ist das Letzte, was Kriton sagt (Krit. 54d), und damit gibt er auch zu verstehen, wie wenig er der Redegewalt seines Freundes gewachsen ist. Ja, selbst das philosophische Reden von den letzten Dingen ist, wie sich später zeigen wird, nicht ohne Rhetorik.

Trotzdem ist Sokrates kein Rhetoriker nach der Art der Sophisten. Denn nicht der Gedanke, daß manche Reden nicht mehr sein können als überzeugend, ist für den Vertreter von Rhetorik und Sophistik wesentlich, sondern der Gedanke, daß die Rede grundsätzlich nur überzeugend oder unüberzeugend ist. Der im *Theaitetos* zitierte Satz des Protagoras, demzufolge der Mensch das Maß aller Dinge ist (Theait. 151e-152a), bildet dafür den Grundsatz. Wenn etwas so und nur so ist, wie es jeweils erscheint (Theait. 152a) – und das will nach der Deutung des Sokrates Protagoras eigentlich sagen – dann ist eine Meinungsverschiedenheit nur dadurch zu beenden, daß einer die Meinung des anderen ganz oder teilweise übernimmt; das wiederum läßt sich nur erreichen, indem man die eigene Meinung möglichst überzeugend vertritt.

Wenn Sokrates der Rhetorik und mit ihr der Sophistik entgegentritt, wendet er sich also nicht gegen ein dürres Regelwerk für den Gebrauch sprachlicher Mittel, das im *Phaidros* zwar nicht ohne parodistische Züge, aber immerhin doch gewürdigt wird (Phdr. 266e-267d); er wendet sich gegen den Gedanken, daß Sachfragen eigentlich Machtfragen sind. Und dies wiederum ist in begründeter Weise nur möglich, wenn sich erweisen läßt, daß eine Rede im allgemeinen sachliche Einsicht für sich in Anspruch nehmen muß und danach beurteilt werden kann, ob und inwieweit sie diesem Anspruch gerecht wird.

Im *Gorgias* wird das im einzelnen vorgeführt. Das Gespräch zwischen Sokrates und dem bedeutenden Rhetor hat schon darin eine besondere Pointe, daß Gorgias, von Sokrates konfrontiert mit der Frage, was Rhetorik eigentlich sei, zu einer dialektischen Denk- und Redeweise genötigt ist. Damit kommt Gorgias begreiflicherweise nicht zurecht und macht so, bei aller Würde, keine besonders überzeugende Figur. Das Gespräch erreicht seinen entscheidenden Punkt, wenn Gorgias – mit rhetorischer Bravour – „die ganze Macht der Rhetorik" (Gorg. 455d) offenlegt, indem er sie mit der Politik identifiziert: Rhetorik ist jene umfassende Kunst, die alle anderen Fähigkeiten unter sich hat (Gorg. 456a) und so deren Einklang und Zusammenspiel bestimmt. Wie Gorgias hinzufügt, ist es dazu allerdings erforderlich, die Möglichkeiten der Rhetorik gerecht zu gebrauchen, das heißt: sie nicht gegen Verwandte und Freunde einzusetzen (Gorg. 456e). Damit ist klar, daß Gorgias für die Rhetorik ein Wissen des Gerechten und Ungerechten reklamiert, ohne dies aus ihrem Begriff als einer Macht verständlich machen zu können. Die Rhetorik müßte zur Dialektik werden, um ihrem eigenen Anspruch zu genügen. Im *Phaidros* wird das noch einmal prägnant zusammengefaßt: Wer die Wahrheit nicht weiß und nur Meinungen hinterherjagt, wird bloß eine lächerliche und kunstlose Redekunst zustandebringen (Phdr. 262c).

Sokrates ist nicht so naiv zu glauben, daß die Kenntnis der Wahrheit dazu befähigen würde, die Dinge einfach nur so zur Sprache zu bringen, wie sie sind. Wenn das Reden, wie besonders deutlich der *Kratylos* zeigt, ein Darstellen ist, so läßt sich weder das Gelingen einer Darstellung garantieren noch von ihrer jeweiligen Besonderheit und Eigenheit absehen. Wo im Gegenteil die Grenzen eines Gesprächspartners nicht beachtet werden, wo nicht mehr bedacht wird, was sich in einer bestimmten Situation des Gesprächs zu einem bestimmten Menschen sagen läßt und was nicht, gerät auch der sachliche Anspruch des Redens recht bald ins Hintertreffen und wird überdeckt vom rhetorischen Gestus des Überredens. Im *Phaidros* ist das berücksichtigt, wenn es heißt, der gute Redner müsse etwas von der Seele seiner Zuhörer verstehen (Phdr. 271a-e). Das ist wieder ein rhetorisches Moment; die Dialektik muß die Rhetorik in sich aufheben, um ihrem sachlichen Anspruch genügen zu können.

Mit diesen Überlegungen ist unausdrücklich schon ein weiterer und ebenfalls im *Phaidros* erörterter Aspekt der Dialektik ins Spiel gekommen: Dialektisches Philosophieren ist mündliches Philosophieren; es ist in der Form einer schriftlich fixierten Lehre authentisch nicht mitteilbar. Denn schriftlich fixierte Reden sind, wie Sokrates ausführt, nicht imstande sich zu schützen und zu helfen (Phdr. 275e); vielmehr sind sie dem Mißbrauch und dem Mißverständnis ausgeliefert, weil ihr „Vater", ihr Urheber sie nicht mehr modifizieren und erläutern kann. Die geschriebene Rede ist nur ein Abbild der lebendigen und beseelten (Phdr. 276a), jener, die sich der Einsicht ihres Urhebers gemäß artikuliert und nur, weil sie auf ihren Adressaten Rücksicht nimmt, darauf hoffen kann, diesen zu erreichen und Einsicht in seine Seele zu pflanzen (Phdr. 276e).

Die im *Phaidros* formulierte Kritik an der Schriftlichkeit hat zusammen mit entsprechenden Äußerungen im *Siebten Brief* (Ep. 7, 341b-d) in der Platon-Interpretation eine wichtige Rolle gespielt, sofern sie als Hinweis ihres Autors auf eine in den veröffentlichten Dialogen nicht mitgeteilte „ungeschriebene Lehre" verstanden worden ist; Platon begründet dann mit der

Schriftkritik, weshalb er den systematischen Kern seines Philosophierens den Lesern vorenthielt (vgl. dazu Szlezák). Doch man sollte über der Platon-Debatte nicht vergessen, daß die skizzierten Gedanken aus dem *Phaidros* ebenso im Zusammenhang eines Sokrates-Portraits zu verstehen sind. Bedenkt man nämlich, daß die schriftliche Mitteilung weder für Parmenides oder Heraklit, weder für die Naturphilosophen noch für die Sophisten ungewöhnlich war, wird man folgern müssen, daß Sokrates bewußt auf diese Mitteilungsform verzichtet hat. Während die Platonische Insistenz auf der Mündlichkeit des Philosophierens dann als Verpflichtung auf das Vorbild des Sokrates zu verstehen wäre, müßte man die Dialoge als „Abbilder" – und nur als Abbilder des eigentlichen Philosophierens lesen. Einen schreibenden Sokrates kann man sich in der Tat kaum vorstellen. Das hat jedoch nicht nur mit der Ungeschriebenheit eigentlichen Philosophierens, sondern auch mit dem erotischen Wesen des Sokrates zu tun.

6. Eros

Die erotische Ansprechbarkeit des Sokrates durch schöne junge Männer spielt in den Platonischen Texten keine geringe Rolle. So eröffnet der namenlose Freund in der Eingangsszene des *Protagoras* das Gespräch mit der Frage, ob Sokrates von der Jagd nach der Gesellschaft des Alkibiades käme (Prot. 309a; vgl. dazu auch Alk. I 104d; Gorg. 481d); auch von der Schönheit des Charmides ist Sokrates angetan (Charm. 155c-e), und, von dieser erzählend, gesteht er umstandslos, alle in diesem Alter, dem Alter zwischen Jugend und Erwachsenheit, erschienen ihm schön (Charm. 154a-c); gemäß den Üblichkeiten der Zeit ist es damit vereinbar, daß Sokrates verheiratet war und mit seiner Frau Xanthippe drei Söhne hatte. Selbst der hier eher zurückhaltende Xenophon läßt Sokrates sagen, er sei durch Eros beherrscht (*erotikos* /Mem. II.6.28).

Man könnte das vernachlässigen, wenn es kein zentrales philosophisches Motiv wäre. Platon beschränkt sich aber nicht auf marginale Bemerkungen wie die genannten, sondern hat dem erotischen Wesen des Sokrates und dem Verhältnis von Erotik und Philosophie zwei große Dialoge gewidmet: *Phaidros* und, wahrscheinlich früher, *Symposion*; weniger signifikant, doch demselben Themenkreis zugehörig ist der *Lysis*.

Was den *Phaidros* angeht, so ist es ein subtiler und nur auf den ersten Blick rätselhafter Einfall Platons gewesen, Eros und Rhetorik, Eros und Dialektik als Themen miteinander zu verbinden. Über die Zusammengehörigkeit der im ersten Teil des Dialogs gehaltenen Reden mit den „methodischen" Erörterungen des zweiten Teils können sich nur Interpreten wundern, die vergessen haben, wie entschieden die Sokratische Gesprächskunst mit erotischer Anziehung zusammengehört. Das am Schluß des Dialogs genannte Motiv philosophischen Redens, nämlich Einsicht in die Seele des Gesprächspartners zu pflanzen, ist als Metapher sexueller Vereinigung offenkundig; zuvor noch hatte sich gezeigt, daß das Philosophieren überhaupt nicht anders denn als erotisches Geschehen verstanden werden kann. Die Liebe und ihr göttlicher Stifter, Eros, sind keine philosophischen Themen, von denen das Philosophieren selbst unberührt bleibt, sondern wo von ihnen die Rede ist, kommt philosophisch die Philosophie selbst zur Sprache. Eros ist das der Philosophie zugehörige göttliche Wesen.

Wie das gemeint ist, wird im *Symposion* gesagt. Eros, so heißt es hier, ist kein Gott (*theos*), sondern ein großes göttliches Wesen (*daimon megas*), das die Mitte zwischen dem Sterblichen und dem Unsterblichen hält und das Vermögen hat, zu übersetzen (*hermeneuon*) und den Göttern Kunde zu bringen von dem, was von den Menschen kommt, den Menschen vom Göttlichen (Symp. 202d-e). Der Gott verbindet sich nämlich nicht direkt mit dem Menschen, sondern jede Gemeinschaft und jedes Gespräch zwischen Göttern und Menschen, ob im Wachen oder Schlafen, geschieht durch Eros (Symp. 203a).

Für den Leser der *Apologie* ist diese übersetzende oder „hermeneutische" Zwischenstellung als die Stellung der Philosophie wohlbekannt. Weniger klar ist wahrscheinlich, weshalb sie mit dem Namen des Eros benannt wird. Aus dem *Symposion* geht auch das hervor: Das göttliche Wesen des Eros erfahren die Menschen als Begehren nach dem Schönen (Symp. 204b), und schön ist der schöne Leib, wie es auch die Bemühung und die Gesittung der Seele sein kann; schön ist das Wissen (*epistêmê*) und mehr noch das in diesem Wissen Gewußte in seiner Unveränderlichkeit. Schön im eigentlichen Sinne sind die Ideen und ist endlich die Idee des Schönen selbst, so daß die Philosophie als ein Aufstieg aus dem Bereich der körperlichen Schönheit zum Höchsten erotischer Erfahrung verstanden werden kann (Symp. 210a-211c). Der Name des Eros steht für die den Bereich des Menschlichen übersteigende Bewegung der Philosophie.

Damit ist aber die durchaus menschliche Erotik des Sokrates gerade nicht erklärt; es ist nicht erklärt, wieso diese noch eine Rolle spielen kann, wo es doch eigentlich bloß noch um die philosophisch sublimierte Erfahrung des Schönen gehen müßte. Zwar ist Sokrates auch durch diese Erfahrung bestimmt; doch kann er am besten philosophieren, wo er durch das ganz und gar unsublimierte Schöne eingenommen ist. Das Sokratische Gespräch vollzieht sich nicht nach einmal gelungenem Aufstieg auf jener unsinnlichen Höhe, wo nur noch die Ideen als das Schöne erscheinen; es vollzieht vielmehr in sich immer wieder die Bewegung vom menschlichen zum übermenschlichen Schönen und bindet das übermenschliche Schöne dialogisch ans menschliche zurück. Anders verdiente Eros nicht, die Mitte zwischen dem Göttlichen und dem Menschlichen genannt zu werden.

Dafür, daß es sich so verhält, spricht wieder die literarische Kunst Platons. Es ist höchst bedeutsam, daß nicht Sokrates den Gedanken eines Aufstiegs vom menschlichen Schönen zum Göttlichen der Ideen entwickelt, sondern, wie es von Sokrates nur erzählt wird, die Priesterin Diotima; daß Platon diese Figur wahrscheinlich erfunden hat, macht die Szene noch wichtiger: Neben dem Gespräch im ersten Teil des *Parmenides* ist dies das einzige im Platonischen Werk, in dem Sokrates direkt belehrt wird.

Das Eigentümliche der Szene zeigt sich besonders deutlich, wenn Sokrates den letzten und entscheidenden Schritt in der Aufstiegsvision der Diotima nicht versteht: Was die Erfahrung des Schönen eigentlich bewirkt, kann er nicht sagen, sondern er vermag Diotima erst zu folgen, nachdem sie das Schöne durch das Gute ersetzt hat (Symp.204d-205a). Erst damit gibt Diotima ihm die Möglichkeit, die für ihn selbst wesentliche Frage nach dem Guten mit dem Erotischen – und das Erotische mit der Frage nach dem Guten zu verbinden. Die verbindende Mitte ist die Erfahrung des Schönen; und weil die Erfahrung des Schönen für Sokrates eine solche verbindende Mitte ist, hat Diotima ganz recht mit ihrem Zweifel, ob Sokrates dem letzten Schritt ihres Aufstiegs zum Schönen selbst wird folgen können (Symp. 209e-210a). Sokrates ist im Erotischen zu sehr befangen, als daß er ohne weiteres imstande wäre, es rein zu begreifen.

Ganz anders als im *Timaios* oder im *Sophistes* wird damit auf die Grenze des Sokrates verwiesen. Während die dort erörterten Fragen außerhalb des Sokratischen Horizontes liegen, ist ihm die Frage nach der Natur des Eros zu nah, als daß er sie aus eigener Kraft zur Klarheit bringen könnte. Sokrates ist selbst ein Mann übermenschlichen Wesens (*daimonios anêr*), der sich auf das Übersetzen zwischen Menschlichem und Göttlichem versteht (Symp. 203a; vgl. auch Gadamer 7, S. 242f.). Im *Symposion* geht es deshalb um die Darstellung des Sokrates und weniger darum, ihn sich darstellen zu lassen.

Das wird auch durch jene Passage des Dialogs bestätigt, die von allen Platonischen Texten am augenfälligsten als Portrait des Sokrates erscheint – die den Reigen der Eros gewidmeten Reden abschließende Rede des Alkibiades. Denn Alkibiades möchte nicht Eros, sondern Sokrates preisen, und damit wechselt er nicht das Thema, sondern schildert nichts anderes als seine Erfahrung des Erotischen. Sokrates wird zu Eros.

Von dem, was Diotima über Eros sagte, ist Alkibiades freilich weit entfernt. Und daß man nicht zuletzt darum vorsichtig sein sollte, den Sokrates des Alkibiades einfach für Sokrates zu nehmen, ist hinreichend deutlich gemacht, wenn Alkibiades sagt, er wolle, statt Sokrates lächerlich zu machen, die Wahrheit sagen (Symp. 214e) und dies in einem Bilde tun (Symp. 215a). Kein Bild macht für sich genommen die Wahrheit offenbar, und das Bild, das Alkibiades nun zeichnet, ist darüber hinaus

Abb. 4: Anselm Feuerbach, Das Gastmahl des Agathon (Kunsthalle Karlsruhe).

noch das Bild einer Verstellung: Sokrates gleiche jenen Silenen, in deren Innerem die Bildhauer Götterbilder verstecken (Symp. 215a-b). Er sehe nicht nur so aus wie der Satyr Marsyas – angesichts der gedrungenen Gestalt des Sokrates, seinen vorstehenden Augen und der aufgeworfenen Nase hat das eine gewisse Überzeugungskraft –, sondern sei auch maßlos und überschwänglich wie dieser (ein *hybristês* / Symp. 215b): Was Marsyas auf seinem Aulos, jenem dem Dionysos zugehörigen Blasinstrument, zustandegebracht habe, bewerkstellige Sokrates

ohne Instrument allein durch sein Reden – die Zuhörer seien verwirrt und gebannt (Symp. 215d). Daß Sokrates, der sich in der *Apologie* als Diener Apollons bezeichnet, dem Satyr gleich sein soll, der den Gott zum Wettstreit herausforderte und ein grausames Ende nahm, kann man zwar einerseits glauben: Die Deutung des Orakels ist ja wirklich ein Wettstreit mit Apoll. Doch müßte der Vorwurf der Maßlosigkeit, des zügellosen Überschwangs zu denken geben.

Alkibiades, trunken wie er ist, spricht hier allem Anschein

nach eher über sich selbst und tobt seine gekränkte Selbstliebe aus. Denn gemäß dem von ihm später zitierten Spruch, daß im Wein Wahrheit liegt (Symp. 217e), sagt er deutlich, die Sokratischen Reden hätten ihn mit der eigenen Unzulänglichkeit konfrontiert (Symp. 216a). Vor allem aber versetzt ihn in Rage, daß Sokrates sich von ihm nicht hat verführen lassen und ihm derart erlaubte, die geistige Unterlegenheit durch einen Sieg seiner schönen Gestalt auszugleichen. Alkibiades versteht sein Verhältnis zu Sokrates unter dem Maßstab der Macht, und da ist es kein Wunder, daß ihm mit seinem Portrait auch nur ein Zerrbild des Eros gerät: Statt seine übermenschliche, seine daimonische Zwischenstellung zu sehen, entwirft er das Bild eines halb tierischen Wesens, eines Untiers, das in seinem Inneren einen Gott verbirgt. Innen und Außen haben dabei nichts miteinander zu tun, und entsprechend kann Alkibiades die Weigerung des Sokrates, Schönheit gegen Schönheit zu tauschen (Symp. 218e), auch nur als Verachtung und Hochmut interpretieren (Symp. 219c): Sokrates weigert sich, der Satyr zu sein, als den Alkibiades ihn gerade darum portraitiert.

Doch wie beherrscht Sokrates auch geblieben sein mag – man sollte sich hüten, darin bloß ein Zeichen vorbildlicher philosophischer Enthaltsamkeit und Tugend zu sehen. Denn ins Bild des asketischen Sokrates geht nicht ein, daß die Manifestation seiner Besonnenheit überhaupt notwendig ist. Erklärungsbedürftig ist, anders gesagt, daß es zu einer Situation wie der von Alkibiades geschilderten überhaupt kommt.

Die Liebe, die Sokrates für Alkibiades empfindet, ist nicht leicht nachvollziehbar. Alkibiades ist in seinem gewaltsamen und maßlosen Wesen Thrasymachos und Kallikles verwandt, die im Streit um Begriffe aussprechen, was auch er allem Anschein nach denkt und als erwachsener Mann gelebt hat. So verzerrt das von Alkibiades gezeichnete Bild also sein mag – Alkibiades gibt mit seinem Portrait des Sokrates nicht nur sich selbst wieder, sondern er trifft damit auch den Alkibiades in Sokrates. Alkibiades selbst steht dafür, daß Sokrates dem Maßlosen nicht einfach nur mit Gleichmut begegnet.

Die Verführungsszene, wie Alkibiades sie erzählt, läßt so gesehen einen Grundzug des Sokratischen Lebens und Denkens hervortreten: Sokrates betont die Notwendigkeit besonnener, vernunftgeleiteter Lebensführung darum so sehr, weil das Sinnliche ihn so tief und nachhaltig berührt. Darum ist das Bild vom Sokratischen Doppelwesen zwar um einiges davon entfernt, einfach die Wahrheit zu sein, wie es sein Urheber möchte. Doch vollkommen in die Irre geht Alkibiades nicht, sondern überzeichnet nur, wie Sokrates das Verhältnis von Sinnlichkeit und Vernünftigkeit als Spannung austrägt; diese Spannung ist die Sokratische Variante des Erotischen. Selbst wenn mit dem Erscheinen des Götterbildes der Silen nicht ganz verschwindet, und erst recht nicht der Silen vollkommen das Götterbild verbirgt, gehört beides zum Sokratischen Wesen.

Diese Spannung hat Platon zu Anfang des *Phaidros* aufgenommen, wenn er Sokrates seine Unfähigkeit gestehen läßt, sich selbst nach dem Geheiß des Delphischen Spruches zu erkennen; wie Sokrates bekennt, weiß er nicht, ob er ein Untier wie Typhon ist oder ein sanfteres Wesen, das von Natur aus einen göttlichen und unherrischen Teil in sich hat (Phdr. 230a). Das ist keine Ironie, sondern wird durch den Fortgang des Dialogs bestätigt. Wie schon im *Symposion* macht Sokrates eine durchaus erstaunliche Erfahrung, wenn hier Eros zur Sprache kommt.

Herausgefordert wird Sokrates dadurch, daß sein junger Gesprächspartner eine Rede des Lysias vorgetragen hatte, in der Lysias dafür plädiert, man solle sich auf erotische Abenteuer nur mit Nichtverliebten einlassen. Phaidros, der augenscheinlich in Lysias verliebt ist und deshalb die Rede ganz außerordentlich findet, möchte auch von Sokrates ein Urteil, in Wahrheit natürlich eine Bestätigung hören. Nach einigen locker hingeworfenen Bemerkungen, die zwar kritisch sind, aber doch auch neckend und ausweichend, läßt Sokrates sich von Phaidros zu einer Gegenrede nötigen, mit der er Lysias im Grundsätzlichen allerdings bestätigt: Die Liebe ist ein problematischer Wahnsinn, unverständige und das Streben nach dem Rechten beherrschende und in die Irre leitende Begierde (Phdr. 238b-c).

Bezeichnenderweise trägt Sokrates diese Rede verhüllt vor; das geschieht, wie er sagt, damit er aufs Schnellste mit ihr durchkommt und, auf Phaidros blickend, durch Scham nicht in ausweglose Stocken gerät (Phdr. 237a). Das Motiv dürfte klar sein: Die Rede des Sokrates ist ein Verrat an Eros, ein Verrat daran, wie Sokrates für seinen schönen Gesprächspartner empfindet. Schon im Ton seiner Rede hatte Sokrates diesen Verrat widerrufen; dem Inhalt seiner Worte entgegen war er in den begeisterten Ton des Dithyrambos geraten (Phdr. 241e). Doch am Ende ist es sogar das *daimonion*, das ihn zu einer Reinigung nötigt (Phdr. 242b-c): Er hat sich gegen den göttlichen Eros vergangen, denn wenn Eros ein Gott oder etwas Göttliches ist, kann er nicht schlecht sein (Phdr. 242e).

Der Widerruf, die Palinodie (Phdr. 243b), fällt radikal aus. In weitausgreifenden Visionen wird ein Bild der Liebe gezeichnet, das in ihr einen Spielraum des Selbstverstehens entdeckt und auch der körperlichen Zuneigung ihr Recht gibt, ohne das Recht der Besonnenheit aufzugeben. Sokrates läßt sich von Begeisterung forttragen; er ist ganz offensichtlich nicht bei sich selbst, und entsprechend wirkt es kaum überzeugend, wenn er am Ende betont, wegen Phaidros hätte die Palinodie so dichterisch sein müssen (Phdr. 257a). Die Rede war nicht ihres Erfolgs wegen kalkuliert, sondern durch solches erwirkt, das Sokrates nicht mehr verfügbar ist. Im dichterischen Überschwang kommt Eros selber zur Sprache.

Aber dann muß man auch sagen, daß die Palinodie nicht mehr zur Sache des Sokrates gehört. Sokrates spricht nicht selbst, sondern er rezitiert die Rede eines anderen (Phdr. 244a) und läßt sich von dieser zu Einsichten forttragen, die er aus eigener Kraft nicht zu entwickeln vermag. Seine Gewißheit, sich selbst nicht zu kennen, hat sich bestätigt: Aus seinem Mund kommt zur Sprache, was nur ein anderer – Platon – artikulieren kann.

Wie genau Platon die Grenzen seines Helden kenntlich macht, wo es ums Erotische geht, läßt sich schließlich noch an einem Dialog ablesen, der als klassischer Sokrates-Dialog unverständlich wäre: am *Philebos*. Der *Philebos* ist ein Spätwerk, das die eleatischen Dialoge *Parmenides* und *Sophistes* voraussetzt und unübersehbare Hinweise auf jene Platonische Prinzipienlehre enthält, von der Aristoteles berichtet hat. Wenn Sokrates schon im *Parmenides* auf seine Grenzen stößt, wenn er sich an den Erörterungen des *Sophistes* nicht beteiligt, scheint seine Rückkehr als Hauptfigur im *Philebos* rätselhaft. Doch diese Rückkehr ist nicht willkürlich; auch hier ist Sokrates kein Sprachrohr seines Autors; daß Platon auf seinen Helden nicht angewiesen ist, hat er endgültig mit dem großen Dialog über die Gesetze, *Nomoi*, unter Beweis gestellt.

Die Rückkehr des Sokrates im *Philebos* ist eine wohlkalkulierte Pointe. Denn hier muß Sokrates Rechenschaft über das geben, was zum Wesen seines Philosophierens gehört: die Lust am Schönen. Im *Philebos* lernt Sokrates sich selber kennen, und wenn er sich dazu, halb komisch, halb ernst auf göttliche Eingebung beruft (Phileb. 20b), so ist damit angezeigt, daß die nun folgenden, auf eine Lösung der Frage nach dem Guten im menschlichen Leben zusteuernden Erörterungen nicht mehr seinem eigenen Fragehorizont entspringen. Platon führt also auch hier Sokrates über sich hinaus, um auf Sokratische Fragen Platonische Antworten geben zu können und zugleich gegenwärtig zu halten, daß es Sokratische Fragen sind.

IV. Politik

1. Philosophie als Antipolitik

Es mag irritierend sein, wenn jemand sich um politische Belange nicht kümmert und die Aufregung derer, die es anders halten, bedauernswert oder lächerlich findet; es mag als störend, provozierend oder sogar als bedrohlich empfunden werden, wenn jemand verbreitete politische Überzeugungen nicht teilt und sich so in die Gemeinschaft derer, die sich einvernehmlich streiten, nicht fügen will. Doch gibt es oft erprobte Möglichkeiten, der Irritation wie der Störung, der Provokation wie der Bedrohung zu begegnen. Schwieriger ist es mit jemandem, der sich weder einfach aus dem Bereich des Politischen zurückzieht noch in diesem Bereich eine wie auch immer herausfordernde politische Position einnimmt, so daß man ihm auch mit politischen Mitteln begegnen kann. Sokrates war weder ein Sonderling noch ein religiös Erweckter, weder ein politischer Provokateur noch ein Feind des Gemeinwesens.

Das heißt nicht, er habe solche Züge nicht auch gehabt. Der sein Äußeres eher vernachlässigende Diskutant auf dem Markt und den Turnplätzen, wo die schönen jungen Männer am leichtesten anzutreffen waren, hat es immerhin zur Hauptfigur einer Komödie gebracht; in der *Apologie* hält er es für erforderlich, sich von dem, was er für ein Zerrbild hält, nachdrücklich zu distanzieren. Doch so wenig er der bizarre Naturforscher und Sophist sein mag, als der er von Aristophanes dargestellt wird – Männer von der weltmännischen Eleganz und Versiertheit eines Protagoras oder Gorgias sind als Komödienhelden viel ungeeigneter.

Die *Apologie* verschweigt das Störende und Provokante des Sokratischen Philosophierens nicht. Aus seiner Wissensprüfung, sagt Sokrates, seien ihm viele Gegnerschaften erwachsen, und das hat seinen entscheidenden Grund wohl kaum darin, daß die Geprüften sich düpiert fühlen, wo Sokrates sich wider Erwarten doch nicht als Fachmann erweist (Apol. 23a). Entscheidender düfte sein, daß junge Leute aus gutem Haus Sokrates nachahmen und zwar, wie man sich denken kann, nicht selten ohne seine Integrität – man kann aus der Prüfung des Wissens auch ein schadenfrohes oder zynisches Spiel machen. Einige junge Leute hat Sokrates offenbar wirklich verdorben. Doch das haben andere auch getan, ohne daß man sie ausdrücklich loswerden wollte. Die Herausforderung durch Sokrates geht tiefer; sie ist gleichbedeutend mit der Herausforderung durch seine politische Philosophie.

Politische Philosophie, wie Sokrates sie versteht, hat ein sehr eigentümliches Verhältnis zum Politischen. Sie läßt das Politische gelten, ohne sich ihm zu unterstellen, sie beansprucht Überlegenheit, die nicht politisch, aber von höchster politischer Bedeutung sein soll. Das erstere kommt in der *Apologie* zum Ausdruck, wenn Sokrates sagt, er respektiere die Athener und sei ihnen zugetan, aber gehorche dem Gott mehr als ihnen (Apol. 29d); um das letztere geht es, wo Sokrates die Überzeugung vertritt, die philosophische Ermahnung zur Tugend sei das größte Gut, das der politischen Gemeinschaft zuteil werden könne (Apol. 30a).

Politik und Philosophie stehen hier in einem Spannungsverhältnis zueinander, das zwar unversöhnbar ist, aber auch nicht vollkommen unerträglich. Die Spannung von Philosophie und Politik läßt sich aushalten, weil die Philosophie auch dann, wenn sie die Wertungen des Politischen nicht einfach gelten läßt, im Bereich des Politischen nicht als Bedrohung auftritt. Indem Sokrates die Bürger zur Tugend ermahnt, beruft er sich nicht wie Antigone auf die Gesetze der Götter und bezweifelt die menschlichen Satzungen; er wendet sich noch nicht einmal gegen bestehendes Recht, um bessere, gerechtere oder überhaupt erst gerechte Zustände zu fordern. Sokrates ist weder Fundamentalist noch Reformer oder Revolutionär.

Gerade deshalb trifft Sokrates seine Mitbürger an empfindlicher Stelle: Er macht ihnen klar, daß sie nicht sind, wofür sie sich halten, und das unterscheidet ihn radikal von Protagoras.

Dessen Meinung, alle Athener seien Lehrer der Tugend, widerspricht Sokrates in der *Apologie* sehr viel entschiedener als im Dialog mit dem großen Sophisten: Daß einer allein die Jugend verdirbt, während alle anderen ihre Tugend befördern ist unwahrscheinlich; denn auch sonst kommt es nicht vor, daß die vielen sich auf etwas verstehen, während nur wenige unwissend sind (Apol. 25a-b). Die „vielen" verstehen von der politischen Tugend nichts. Sokrates ist kein Freund der Demokratie.

Aber er ist darum kein Sympatisant der Tyrannis. Den tyrannischen Typen, mit denen er zu tun hat, Thrasymachos und Kallikles, versucht er die Bodenlosigkeit ihrer Lebenshaltung offenbar zu machen. In dieser Lebenshaltung prägt sich das Wesen des Politischen aus – ebenso allerdings wie in der demokratischen. So ist die Philosophie, wie Sokrates sie verkörpert, niemals vollkommen ins Politische zu übersetzen. Nur im philosophischen Verstehen und der ihm entsprechenden Lebenshaltung läßt sich andererseits den immanenten Gefahren des Politischen begegnen. Je vernünftiger die politischen Verhältnisse sind, desto philosophischer sind sie; doch wären sie ganz philosophisch, hätten sie aufgehört, politisch zu sein. Zum Wesen des Politischen gehört eine Unklarheit und Unbestimmtheit, eine Unruhe und Instabilität, die sich philosophisch durchschauen, aber nicht eigentlich auflösen läßt. Wo die Philosophie den Gefahren im Bereich des Politischen entgegenwirken will, muß sie darum seinem Wesen entgegentreten. In diesem Sinne legt Sokrates sich mit der demokratischen und der tyrannischen Ausprägung des Politischen an.

Was das im Hinblick auf demokratische Einstellungen heißt, ist im *Kriton* gezeigt. Kriton, der alte und wohlmeinende Freund des Sokrates, ist ein Musterbeispiel für das normale politische Bewußtsein in demokratischen Verhältnissen, und das kann er in der Situation, die der Dialog vorstellt, aufs beste zu erkennen geben. Kriton hat sich Zutritt zum nach seiner Verurteilung gefangen gehaltenen Sokrates verschafft und will ihn zur Flucht überreden. Dabei hat er gewiß auch das Wohl seines Freundes im Sinn. Aber mehr noch ist es ihm um sich selber zu tun: Sokrates soll sich retten, weil er, Kriton, sonst seinen besten Freund verliert und, was ihn fast noch mehr zu beschäftigen scheint, seinen guten Ruf. Denn, so sagt Kriton, niemand würde glauben, Sokrates sei freiwillig im Gefängnis geblieben, wenn die Gelegenheit zur Flucht sich geboten hätte; und daß er selbst, wohlhabend wie er ist, sein Geld nicht einsetzt, um den Freund zu befreien, könnte man ihm als Zeichen des Geizes auslegen. Kriton will nicht als jemand erscheinen, dem das Geld mehr als der Freund wert ist. Darum beschwört er Sokrates, man müsse sich um die „Meinung der vielen" kümmern (Krit. 44b-d). Kriton kümmert sich um die Meinung der vielen und erweist sich damit als einer von ihnen.

Warum er so denkt, sagt er selbst. Auf den Einwand des Sokrates, nicht auf die Meinung der vielen käme es an, sondern auf die der Einsichtigsten (*hoi epieikestatoi*), und diese würden schon annehmen, man müsse sich verhalten, wie Sokrates sich verhalten will, antwortet Kriton, an der Verurteilung des Sokrates könne man sehen, welche Macht die vielen hätten: Sie bringen das Schlimmste zustande, wenn man bei ihnen entsprechend verleumdet ist (Krit. 44c-d).

Das gibt Sokrates Gelegenheit, sein eigenes Verhältnis zu den vielen zu artikulieren: „Wenn die Vielen doch nur imstande wären, das Schlimmste zustandezubringen, damit sie auch zum größten Guten imstande wären – das wäre vortrefflich." (Krit. 44d) Die vielen, will Sokrates sagen, bringen überhaupt nichts zustande. Wenn sie jemanden verurteilen, weil er verleumdet wurde, zeigt sich darin nicht Macht, sondern Ohnmacht. Mächtig sein kann nur, wer weiß, was er tut. Das zielt gegen die Schwäche der Demokratie. Wenn nämlich, gemäß einer Formulierung aus der *Politeia*, in der Seele des Demokraten „falsche und täuschende Reden und Meinungen" den Platz trefflichen Wissens und trefflicher Gewohnheiten, den Platz wahrer Reden eingenommen haben (Resp. 560b-c), dann ist, was man für demokratische Macht hält, die Erscheinung des Unwissens und der Verwirrtheit. Jeder schaut auf die Meinungen der anderen, stimmt mit ihnen überein oder setzt sich von ihnen ab, weil nur so Mehrheiten zustandekommen; wo Mehrheiten zählen, schielt man auf die vermeintliche Meinung der Mehrheit.

Abb. 5: Modell der Agora von Athen. Zustand im 2./1. Jahrhundert (Agora-Museum Athen).

Der offenkundigen Verwirrtheit seines Freundes kann Sokrates nicht einfach die Autorität ausgewiesenen Wissens entgegensetzen. Damit würde er die Überzeugung vertreten, am Ende sei doch so etwas wie eine Kunst der politischen Einsicht möglich, und daß dies seine Überzeugung nicht ist, weiß man aus seinem Disput mit Protagoras ebenso wie aus der *Apologie*. Sokrates ist viel vorsichtiger: Nichts anderem will er gehorchen als derjenigen Rede (*logos*), die sich nach gründlicher Überlegung als die beste zeigt (Krit. 46b) – und was sich als das beste zeigt, muß nicht notwendig auch das beste sein.

Doch es wäre falsch anzunehmen, damit sei ein Plädoyer für das Handeln nach jeweils bester Überzeugung gehalten. Zwar

ist es allemal besser, gründlich zu überlegen, was einem als das beste erscheint, statt sich zum Sklaven anderer Meinungen zu machen; doch mit dem Überlegen allein ist es nicht getan, wenn es kein Kriterium gibt, an dem man sich überlegend orientieren kann. Ein Kriterium aber liegt, wenn man Sokrates folgt, allein in der Verfaßtheit des Überlegenden: Sokrates versucht, Kriton von seiner haltlosen Verfangenheit in den Meinungen zu befreien, und dabei legt er ihm als erstes nahe, Meinungen zu differenzieren; nicht alle Meinungen sind gleich viel wert, sondern es gibt bessere und schlechtere. Die besseren aber sind die der Einsichtsvollen, die schlechten die der Uneinsichtigen (Krit. 47a).

Um Kriton begreiflich zu machen, wie diese Unterscheidung

zu verstehen ist, muß zwar wieder einmal das Modell der *technê* herhalten; doch sieht man sich die entscheidende Formulierung genauer an, ist klar, was Sokrates in seiner Rede, für Kriton vollkommen unbegreiflich, andeutend verbirgt: Man soll nicht bedenken, was die vielen sagen, sondern was der im Hinblick auf das Gerechte und Ungerechte Verständige sagt – der einzig Verständige und die Wahrheit selbst (Krit. 48a). Mit einer solch emphatischen Formulierung kann nur der delphische Gott gemeint sein. Ihm philosophierend zu folgen, ist die einzige Möglichkeit, sich dem Wirbel der Meinungen zu entziehen.

Für die konkrete Frage, ob Sokrates aus dem Gefängnis fliehen soll oder nicht, ist damit auf den ersten Blick nichts gewonnen. Der Gott sagt nicht definitiv, was man tun oder lassen soll – auch sein Orakel gibt ja keine eindeutigen Erklärungen ab. Aber wenn man dem Gott und nicht den Menschen folgen soll, sind damit immerhin schon eine ganze Reihe von Handlungsmöglichkeiten ausgeschlossen: Alles, was seinen Wert und Sinn nur in jeweiligen Situationen hat und sich entsprechend unter anderen Umständen anders darstellt – alles Veränderliche also hält dem göttlichen Maßstab nicht stand. Es gehört, wie Sokrates andeutet, zu den Betrachtungen jener, die leichthin töten und wieder lebendig machen möchten, wenn sie dazu imstande wären (Krit. 48c); es ist das, was man jetzt tut und früher oder später bereut. So wird es den Athenern mit der Hinrichtung des Sokrates gehen (Apol. 39c-d).

Richtig oder gerecht kann nur sein, was Bestand hat; was Bestand hat, hält man nicht jetzt für richtig und später für falsch. Wenn das die entscheidende Pointe ist, hat Sokrates dem Wirbel der Meinungen die Beständigkeit und Einheitlichkeit des eigenen Lebens entgegenzusetzen. Beständig und einheitlich zu leben, heißt, dem Gott so nahe wie nur möglich zu kommen (vgl. Theait. 176a-e). Es heißt, gut zu leben.

Genau darum geht es auch, wenn Sokrates sich nun der Frage, wie eine Flucht zu beurteilen wäre, direkt zuwendet. Die Frage ist mit dem Satz, man dürfe auf keine Weise freiwillig Unrecht tun (Krit. 49a) im Grunde schon beantwortet: Im Hinblick auf die mögliche Flucht kann Sokrates von einem *freiwilligen* Unrechttun nur sprechen, indem er ihre Unrechtmäßigkeit voraussetzt. Er prüft gar nicht, ob die Flucht unter bestimmten Umständen auch als gerecht angesehen werden könnte oder nicht. Ihre Ungerechtigkeit liegt für ihn offen zutage, und das sieht auch Kriton ein (Krit. 49e).

Bis hierher ist noch offen, warum Sokrates seine Verurteilung als gerecht anerkennt. Doch seine Argumentation ist davon auch gar nicht abhängig. Ungerecht ist die Flucht allein schon, weil sie eine Flucht ist und als solche verbunden mit Bestechung und Heimlichkeit. Sie ist ungerecht, gleichgültig, ob auch die Verurteilung ungerecht war – nur so hat es Sinn, daß Sokrates darauf besteht, man dürfe Unrecht nicht mit Unrecht vergelten (Krit. 49b).

Auf diesen Satz läuft der erste Teil des Gesprächs zwischen Sokrates und Kriton zu. Wie wichtig er ist, macht Sokrates deutlich, indem er Kriton auffordert, genau zu überlegen, ob er dem Satz wirklich zustimmen will oder nicht; er, Kriton, wisse wohl, daß der Satz nur von wenigen akzeptiert werde, und daran werde sich auch in Zukunft nichts ändern (Krit. 49d). Die Vielen aber sind überzeugt davon, wem Schlechtes widerfahren sei, der müsse auch selbst wieder Schlechtes tun (Krit. 49c). Das sind nicht bloß die Anhänger der Demokratie – es sind die politisch denkenden Menschen insgesamt. Der zunächst vielleicht harmlos klingende Satz, demzufolge man Unrecht nicht mit Unrecht vergelten darf, markiert die ungeheure Distanz des Sokratischen Denkens von der Politik, den antipolitischen Charakter seiner Philosophie.

Noch deutlicher als im *Kriton* tritt das im ersten Buch der *Politeia* hervor. Hier geht es um die mit einiger Mühe gewonnene und dann von Polemarchos vertretene These, es sei gerecht, den Freunden Gutes zu tun und den Feinden zu schaden (Resp. 332e). Das ist eine originär politische Bestimmung der Gerechtigkeit: Weil jede Polis begrenzt und in ihren Grenzen nicht unter allen Umständen gesichert ist, kann man letztlich im Sinne der eigenen Polis nur handeln, wo man zu ihrer Verteidigung bereit ist. Nicht umsonst meint Polemarchos darum auch, seine Bestimmung des Gerechten habe ihre Wirklichkeit im Krieg (Resp. 332e).

Daß Sokrates seinen jungen Gesprächspartner nun mit etlichen Einwendungen konfrontiert, heißt nicht, die von diesem vertretene Auffassung der Gerechtigkeit sei unrealistisch. Sie ist nur ungenau, und das zeigt sich, wenn Polemarchos nicht recht sagen kann, welchen Sinn die Gerechtigkeit im Frieden haben soll (Resp.332e-334b); es zeigt sich ebenso, wenn er auf die Frage, ob man den scheinbaren oder wirklichen Freunden nutzen solle und entsprechend den scheinbaren oder wirklichen Feinden schaden, zunächst ratlos reagiert (Resp. 334c-335a). Denn, was das erste betrifft, so bleibt der erste Teil der Bestimmung – den Freunden sei Gutes zu tun – natürlich auch im Frieden erhalten; und der zweite Einwand besagt nur, der Gerechte müsse zur Unterscheidung von Freund und Feind wirklich imstande sein – so wie sich die Hunde vom schmeichelnden Verhalten eines Fremden nicht täuschen lassen und den Vertrauten auch dann erkennen, wenn er ihnen keine Gefälligkeiten erweist (Resp. 376a).

In ihrer Fähigkeit, Freund und Feind wirklich zu unterscheiden, zeigen die Hunde für Sokrates, daß sie ihrer Natur nach Philosophen sind (Resp. 375e). Wenn das seine Überzeugung ist, haben die Bedenken gegen den politischen Begriff der Gerechtigkeit ihren Grund nicht in der Forderung allgemeiner Menschenliebe. Vielmehr gibt es Feinde auch für die Philosophen. Daß es so ist, bestätigt der *Kriton*: Wer dem Grundsatz folgt, Unrecht dürfe nicht mit Unrecht vergolten werden, kann nichts mit solchen zu tun haben, für die der Grundsatz nicht gilt. Beide Gruppen werden einander mißachten (Krit. 49d), und das ist die wirkliche, die philosophische Unterscheidung von Freund und Feind; man erkennt einander an den Entscheidungen und Handlungszielen (*bouleumata* / Krit. 49d) und läßt sich durch Schmeicheleien nicht täuschen.

Trotzdem ist der philosophische Einspruch gegen das politische Verständnis der Gerechtigkeit begründet, und zwar durch den von Sokrates vertretenen Grundsatz selbst. Entsprechend kommt ihm alles darauf an, Polemarchos in einem Punkt zu widerlegen: Man darf den Feinden nicht schaden (Resp. 335b-e). Das heißt, wie gesagt, nicht, die Gegnerschaft der um Gerechtigkeit Bemühten und der Ungerechten werde geleugnet. Es heißt außerdem nicht, die Ungerechten sollten der Strafe entgehen – die Strafe ist dem *Gorgias* zufolge sogar eine Möglichkeit, ihnen Gutes zu tun (Gorg. 472d-e). Und es heißt schließlich nicht, der Kampf gegen die Ungerechten sei verwerflich – es gibt keinen Hinweis, daß Sokrates sich als Pazifist verstanden hat. Im Bereich des Politischen ist allerdings nicht mit letzter Klarheit zu sagen, ob die als Feinde Erscheinenden wirklich Feinde, weil ungerecht sind. Wer gegen – scheinbare oder wirkliche – Feinde kämpft, wird ihnen außerdem in der einen oder anderen Weise schaden müssen. Gerechtigkeit, wie sie philosophisch verstanden werden muß, ist im Bereich des Politischen niemals wirklich zu realisieren. Das reißt die Kluft zwischen Politik und Philosophie.

Wenn das die Position des Sokrates ist, scheint Sokrates trotz allem Realismus der erste Vertreter einer kompromißlosen und darin reinen Vorstellung von Gerechtigkeit gewesen zu sein, der das Politische nur als Abweichung von dem verstehen kann, was sein soll. Doch Sokrates ist weit davon entfernt anzunehmen, daß es in der Unwahrheit des politischen Lebens gar keine Wahrheit, daß es in ungerechten Zuständen keine Gerechtigkeit geben könne. Sein Entschluß, nicht zu fliehen und das Urteil der Athener auf sich zu nehmen, ist als entschieden gerechtes Handeln gemeint. Und der Einspruch gegen die von Polemarchos vertretene Position soll keine generelle Absage an den Bereich des Politischen in dem Sinne sein, daß dieser grundsätzlich hinter einer philosopischen Vorstellung der Gerechtigkeit zurückbleibt. Vielmehr will Sokrates deutlich machen, daß die Feindschaft, wie unumgänglich und sogar zum Wesen des Politischen gehörig sie auch immer sein mag, nicht den Boden für das Verständnis der Gerechtigkeit abgeben kann. Ohne die Feindschaft zu leugnen, soll man sich an ihr nicht orientieren.

Warum Sokrates davon überzeugt ist, macht er deutlich, wenn er den von Polemarchos vertretenen Begriff der Gerechtigkeit als tyrannisch charakterisiert (Resp. 336a). Der Grundsatz, den

Freunden sei Gutes und den Feinden Schlechtes zu tun, entspringt der Logik der Macht; ihm zufolge besteht das gerechte Handeln darin, die eigene Macht zu vermehren und die fremde, welche die eigene bedroht, zu schwächen. Denkt man das konsequent zu Ende, kommt man bei der Auffassung an, die in der *Politeia* wenig später Thrasymachos vertreten wird: Gerechtigkeit ist das dem Stärkeren Zuträgliche (Resp. 338b).

Diese These ist nicht darum unhaltbar, weil sie zynisch ist, und auch nicht schon darum, weil sie zu einem radikalen Relativismus führt: Es könnte ja sein, daß ein entsprechend illusionsloser Blick auf die politische Geschichte sie nur bestätigen könnte. Unhaltbar und bodenlos ist die These, weil sie das Eigene, das es ihr zufolge gegenüber dem Fremden zu erhalten und zu steigern gilt, nicht begreifen kann. Ein Denken wie das des Thrasymachos orientiert sich ausschließlich an der Zwietracht, indem es sich am Widerspiel von Stärke und Schwäche orientiert. Das Eigene aber, das gegenüber dem Fremden stärker sein soll, darf in sich nicht durch Zwietracht zerrissen sein. Eintracht ist die notwendige Bedingung für Stärke, und Eintracht gibt es nicht ohne Gerechtigkeit. Selbst die Mitglieder einer Räuberbande müssen sich, wie Sokrates sagt, zueinander gerecht verhalten, damit sie gemeinsam ungerecht sein können (Resp. 351c). Einigkeit ist die Voraussetzung der Zwietracht. Selbst wenn Zwietracht im Bereich des Politischen nicht zu vermeiden ist, kann der Wille zur Zwietracht nicht das Fundament des politischen Lebens sein. Nur wo man sich an der Zwietracht nicht orientiert, ist die Frage nach einer gerechten Behandlung der Feinde möglich, die später in der *Politeia* ausführlicher erörtert wird (Resp. 469b-471c).

Für Sokrates gilt dieser Gedanke sowohl im Hinblick auf Gemeinschaften verschiedener Art als auch im Hinblick auf den einzelnen. Auch als einzelner kann man mit sich in Zwietracht sein, und wer sich selber Feind ist, ist es nicht weniger gegenüber den auf Eintracht bedachten Gerechten (Resp. 352a). Hier klingt deutlich der Grundgedanke der *Politeia* im ganzen an: Gerechtigkeit ist Sache des einzelnen wie der Gemeinschaft; eine Polis kann gerecht sein und auch der einzelne Bürger. Daß beides miteinander zusammenhängt und wie es aufeinander angewiesen ist, soll der Dialog erörtern und klären.

Dabei führt das Gespräch immer weiter aus der für Sokrates eigentümlichen Perspektive heraus: Je mehr das Verhältnis von Politik und Philosophie selbst thematisch wird, erweist sich der Text als eine aus Distanz interpretierende Darstellung des Sokratischen Lebens. Das zeigt sich in der schon erörterten Konvergenz von einzelnem und Polis; es zeigt sich auch am sogenannten Höhlengleichnis und seiner Auslegung, wo Sokrates sein eigenes Schicksal zur Sprache bringt: Wer in die Höhle der Polis, wo Meinungen bestimmend sind und der Kampf um die Macht das Handeln prägt, zurückkehrt und die Bürger von ihrer Verblendung abbringen will, geht das Risiko ein, getötet zu werden (Resp. 517a). Das ist eine Reaktion auf den Prozeß gegen Sokrates und also kein Moment des Sokratischen Philosophierens.

Dasselbe gilt für die berühmte und oft diskutierte These, derzufolge im Bereich des Politischen die Übel erst ein Ende nehmen, wenn die Philosophen zu Herrschern oder die Herrscher zu Philosophen geworden sind (Resp. 473c-d). Wenn hier im Gedankenexperiment vorgestellt wird, wie die Spannung von Philosophie und Politik gelöst werden könnte, so ist damit zwar einerseits nur die Konsequenz des Gedankens aus der *Apologie* gezogen, daß ein Philosoph sich unter den herrschenden Athener Umständen nicht politisch artikulieren kann, ohne Schaden zu nehmen; aber andererseits geht Sokrates sonst nie über die Situation seines Lebens und Philosophierens in Athen hinaus – noch nicht einmal, wenn er sich im *Gorgias* als den einzigen Staatsmann bezeichnet (Gorg. 521d-e), denn damit ist gemeint, Sokrates habe als einziger wenigstens versucht, seine Mitbürger zu bessern – das ist die einzig wirkliche Staatskunst, und also Philosophie die wahre Politik. Doch die Frage nach der Herrschaft wird nicht gestellt; das Sokratische Verständnis des Politischen bleibt herausfordernd auf das übliche bezogen, ohne daß grundsätzlich die Frage nach einer optimalen Politik und Herrschaft gestellt würde. Wie wenig die Fragen der Staatskunst im eigentlichen Sinn Sokratische Fragen sind, hat Platon hinreichend deutlich gemacht, indem er Sokrates im Dialog über den Staatsmann, im *Politikos* also, schweigen läßt und einen jungen Mann gleichen Namens in der Rolle des Lernenden vorführt. Und noch einmal ist daran zu erinnern, daß Sokrates bei dem langen und ins einzelne gehenden Gespräch über die Einrichtung der Polis in den *Nomoi* ganz fehlt. Für Sokrates sind die Gesetze immer nur die von Athen gewesen.

2. Patriotismus

Die Gesetze Athens kommen im *Kriton* selber zu Wort. Sokrates läßt sie zu Wort kommen, um seinen Freund endgültig von der Unrichtigkeit des Fluchtplans zu überzeugen. Doch das ist mehr als nur ein geschickter rhetorischer Zug im Interesse der philosophischen Sache; es geht nicht nur darum, Kriton als Bürger anzusprechen und ihn so wenigstens ein Stück weit aus seiner Bindung an das Chaos der Meinungen zu befreien. Vielmehr geht es Sokrates hier ähnlich wie im *Phaidros* bei seiner zweiten Rede, die mehr durch ihn spricht als daß er sie spräche; indem Sokrates die Gesetze Athens zu Wort kommen läßt, gerät er außer sich, in korybantischen Taumel (Krit. 54d). Die Gesetze sind von höherem Rang als Sokrates selbst; sie können ihn zur Rechenschaft fordern – ihm, der sonst gewohnt ist, Fragen zu stellen, Antworten abverlangen (Krit. 50c-d).

Um zu verstehen, warum das so ist, darf man die Gesetze nicht bloß für fixierte oder durch Gewohnheit bestehende Regeln halten. Sie sind erst recht nicht nur, wie die Sophisten dachten, Konvention, die man in ihrer Relativität durchschauen und in ihrer Geltung darum auch bezweifeln kann. Ebensowenig sollte man allerdings an die ewigen Gesetze der Götter denken, auf die sich Antigone beruft. Gemeint ist vielmehr die Gestalt, in welcher die Polis das die Individuen Umfassende und Vereinigende sein kann. Die Gesetze sind, wie es heißt, das Gemeinsame der Polis (*to koinon tês poleôs* / Krit. 50a) – die Gemeinsamkeit, die die Polis zur Polis macht.

Die Polis – das sind dann nicht nur die Bürger, sofern sie sich um die gemeinsamen Belange kümmern; wo die Polis in ihrem Wesen mit den Gesetzen identifiziert wird, löst sie sich vielmehr ein Stück weit von den Bürgern ab und verselbständigt sich. Zwar ist das noch weit entfernt vom neuzeitlichen Verständnis eines von der Gesellschaft unterschiedenen Staates; aber es widerspricht doch schon dem Selbstverständnis einer direkten Demokratie von der Art, wie sie in Athen etabliert war. Die Polis ist so, wie sie mit den Gesetzen zur Sprache kommt, nicht durch den Willen der Bürger bestimmt und darum auch jederzeit anders bestimmbar. Sie hat gegenüber den Bürgern ein spürbares Eigengewicht.

Das bezieht sich auf alle Aspekte des Lebens. Die einzelnen sind nämlich nur, was sie sind, weil ihnen von der Gemeinschaft, in die sie geboren wurden, ein bestimmtes Leben, eine bestimmte Erziehung zugeteilt war. Das Leben des einzelnen in seiner Bestimmtheit und Besonderheit verdankt sich einer bestimmten und besonderen Lebensform. Die Lebensform – artikuliert in Gewohnheiten und Sitten, Regeln und Institutionen – ist Ursprung und Spielraum des einzelnen Lebens und hat deshalb auch gegenüber dem einzelnen Autorität wie in der Familie der Vater. Sofern sich in den Gesetzen eine Lebensform artikuliert, die mit solcher Autorität auftreten kann, sind sie die Gestalt des Vaterlandes (*patris* /Krit. 51a).

Die Autorität der Gesetze hat unter diesem Aspekt despotischen Charakter; sie duldet keinen Widerspruch, so daß der einzelne ihr gegenüber ein Sklave ist (Krit. 50e). Der einzelne hat mit der Lebensform, der er angehört, nicht gleiches Recht (Krit. 50e), sondern muß sich blind ihren Anordnungen fügen. Kriton ist von alledem sichtlich beeindruckt, vielleicht auch eingeschüchtert. Auf die Frage, ob es wahr sei, daß die Gesetze mit solcher Autorität auftreten dürften, antwortet er, ihm wenigstens scheine es so zu sein (Krit. 51c).

Doch damit gibt er nur zu verstehen, wie wenig er sich in Wahrheit als Bürger versteht. Ein despotisches Gemeinwesen der beschriebenen Art verdiente nicht, eine Polis genannt zu werden. Zur Polis gehört wesentlich, was die Gesetze mit der Stimme des Sokrates nun erst entwickeln: Es steht frei, die Gemeinschaft, der man entstammt, zu verlassen und sich eine andere Lebensform zu suchen, sei es in einer Kolonie (*apoikia*), sei es, daß man sich entschließt, anderswo ohne die vollen Rechte eines Bürgers zu leben (*metoikein* / Krit. 51d).

Von diesem Recht wurde nicht selten Gebrauch gemacht, zumeist wohl aus ökonomischen Gründen; man ging fort, weil die Polis überbevölkert war und man sich in einer anderen ein besseres Leben versprach. Doch hier soll das Zusammengehören von Bürgerfreiheit und politischer Gemeinschaft hervortreten: Die Autorität des Gemeinwesens gegenüber dem einzelnen kann nur bestehen, wenn sie von den einzelnen zugestanden wird. Das heißt wiederum nicht, sie bestünde durch die Zustimmung der einzelnen allein; sie besteht auch, weil das Gemeinwesen eine den einzelnen übergreifende, ihn prägende Lebensform ist. Nur durch die Freiheit der einzelnen aber bekommt die Autorität des Gemeinwesens den Charakter eingesehener Verbindlichkeit, statt bloße Despotie zu sein. So erweist sich die Lebensform der Polis für den einzelnen als Freiraum. Die Verbindlichkeit gegenüber einem solchen Freiraum erst ist politisch.

Wenn Sokrates es vorzieht, im Gefängnis zu bleiben und den Tod auf sich zu nehmen, so hat das seinen Grund in politischer Verbindlichkeit. Sokrates hat vor Gericht erklärt, nicht ins Exil zu wollen, was die Gesetze ihm nachdrücklich in Erinnerung rufen (Krit. 52c). Damit hat er sich ihnen noch einmal verpflichtet, und die Flucht wäre endgültig der Bruch von Gewohnheit und Übereinkunft (*synthekê* und *homologia* / Krit. 52d) – ein Bruch jener beiden Bindungen, durch die Sokrates überhaupt erst zum Bürger geworden ist. Mit der Flucht würde Sokrates sich als Bürger vernichten, ebenso wie er den Freiraum, der nicht ohne das Einverständnis von seiten der Bürger besteht, beschädigen würde. Wenn das der eigentliche Grund dafür ist, daß Sokrates im Gefängnis bleibt, spielt es auch keine Rolle, ob das Urteil gerecht oder ungerecht ist. Daß es ungerecht ist, gestehen sogar die Gesetze zu; doch das betrifft die Gesetze nicht, denn Unrecht ist Sokrates, wie sie sagen, nur von den Menschen geschehen (Krit. 54b-c). Daran, daß die Menschen die Gesetze falsch auslegen, sind die Gesetze unschuldig.

Obwohl die Mitbürger sich ihm gegenüber ungerecht verhalten, will Sokrates ein Bürger bleiben – selbst um den Preis des eigenen Lebens. So kann man nicht denken, ohne die Polis selbst von ihren Bürgern zu unterscheiden. Aber Sokrates weiß sich dennoch nicht bloß einem abstrakten Prinzip der Gesetzlichkeit oder der politischen Moral verpflichtet. Er will ein Bürger Athens bleiben, und dabei ist es ihm vollkommen gleichgültig, ob die Athener Gesetze besonders gut sind oder nicht. Anders als Platon geht es Sokrates nicht um die Frage nach der besten politischen Ordnung. Sokrates hat zwar, wie es heißt, die Gesetze in Sparta und Kreta immer besser gefunden (Krit. 53a); aber das hat ihn offenbar nicht zu weiter ausgreifenden Überlegungen motiviert. Die eigene Polis blieb ihm das Selbstverständliche: Er hat Athen weder verlassen, um Festen beizuwohnen noch um auf Reisen andere Poleis und ihre Gesetze kennenzulernen (Krit. 52b).

Die Beständigkeit, wie Sokrates sie bekundet, ist Patriotismus: Übereinstimmung mit einer Lebensform als Zustimmung zu ihr in politischer Freiheit. Allerdings verbirgt sich darin noch ein weiteres Motiv: Übereinstimmung mit sich selbst, sofern man ein Bürger ist. Sokrates will sich selbst nicht verleugnen, er will die Lebensform, aus der und in der er ist, nicht verraten, weil er sich selber nicht Feind werden will. Und da der *Politeia* zufolge die Einstimmung und Übereinstimmung gerecht ist, während Zwist und Zwietracht schon im einzelnen den Charakter der Ungerechtigkeit haben, ist Sokrates in seinem Patriotismus gerecht; er lebt seine Form politischer Gerechtigkeit, eine Form, die die schuldigen Athener von ihm nicht einfordern können (Ottmann 1983). Der Tod ist für Sokrates kein philosophisches Martyrium und auch keine staatsbürgerkundliche Lektion, die er den Athenern erteilen möchte, sondern, nachdem er verurteilt wurde, die einzige Möglichkeit, mit sich selbst einig – gut also – zu sein.

Allerdings ist es nicht selbstverständlich, daß Sokrates mit sich noch so einig ist, wo ihm der Tod sicher bevorsteht. Zur Bindung an die Polis gehört zwar auch die Bereitschaft, in den Krieg zu ziehen und die Schlachtreihe nicht zu verlassen, wenn es gefährlich wird (Krit. 51b); mit der Übertragung soldatischer Standhaftigkeit auf die zivilen Verhältnisse vor Gericht (Krit. 51b; fast gleichlautend Apol. 38e-39a) scheint Sokrates zwar auf besonders einleuchtende Weise zeigen zu können, daß man als Bürger das eigene Leben nicht für den höchsten Wert halten darf – und als jemand, der selbst als Hoplit gekämpft hat (Apol. 28e, Symp. 219e-221c), weiß Sokrates, wovon er spricht. Aber die Gefährdung des eigenen Lebens ist etwas anderes als der sichere Tod. Daß Sokrates ihn nicht fürchtet, hat mit seinem Selbstverständnis als Bürger nichts mehr zu tun, sondern mit der Überzeugung, das Leben sei mit dem Tod nicht zuende.

V. Letzte Dinge

Den Gedanken an ein jenseitiges Leben hatte Sokrates schon in der *Apologie* angesprochen. Aber dort hatte er die Möglichkeit eines solchen Lebens nur erwogen, um zu begründen, warum ihm der Tod nicht als ein Übel erscheint; auf das letztere kam es ihm an, und deshalb konnte er die Frage nach dem jenseitigen Leben unbeantwortet lassen: Zwar ist der Tod das größte Gut, wenn man sich durch ihn der selbsternannten irdischen Richter entledigt und im Hades auf die wahren Richter trifft sowie mit den Großen früherer Zeit zusammen ist (Apol. 40e-41a). Aber der Tod ist auch schon als Schlaf ohne Empfindung nichts Schlechtes, weil er die Mühsal des Lebens aufwiegt (Apol. 40d–e). Kriton gegenüber beruft Sokrates sich allein auf sein Alter, um die Gelassenheit gegenüber dem Tod zu erläutern (Krit. 43c) – ein Gedanke, der ja auch bereits in der *Apologie* genannt wird. Mehr würde Kriton, nüchtern und bieder wie er ist, nicht verstehen.

Was Sokrates in der *Apologie* und im *Kriton* zurückhält, kommt ausführlich im *Phaidon* zur Sprache. Im letzten Gespräch vor seinem Tode will Sokrates seinen Gesprächspartnern nahebringen, wie Todesgelassenheit und die Überzeugung, daß die Seele unsterblich ist, zusammengehören. Dieses Gespräch ist wohl die eindrucksvollste Sokrates-Darstellung, die Platon gegeben hat – und damit die eindrucksvollste überhaupt.

Hauptthema des *Phaidon* ist die Zusammengehörigkeit von Philosophie und Leben. Weil sich das philosophische Leben glaubhaft immer nur als je einzelnes vorführen läßt, muß Sokrates hier als Person im Zentrum stehen. Deshalb ist der *Phaidon* aber auch eine besonders eindrucksvolle Darstellung der Philosophie. Außerdem ist sie von allen, die Platon gegeben hat, die radikalste: Nirgends sonst wird die Möglichkeit der Philosophie so rückhaltlos aufs Spiel gesetzt wie hier. Im *Phaidon* geht es nämlich darum, ob die Philosophie auch angesichts des schlechterdings Unausdenkbaren noch Bestand hat; es geht darum, ob man, wo der Tod unmittelbar bevorsteht, der Philosophie, dem philosophischen Logos vertrauen kann; und da die Extremsituation nur zum Vorschein bringt, was auch sonst gilt, ist die Frage die nach der Vertrauenswürdigkeit des philosophischen Logos überhaupt. Es wird zur letzten Herausforderung an Sokrates, sich für diese stark zu machen.

Dazu muß Sokrates erst genötigt werden. Für die Frist, die ihm zum Leben noch bleibt, hat er sich nämlich der Dichtung, dem Mythos zugewandt und vom Philosophieren bereits verabschiedet. Unmittelbar vor dem Tode soll man, wie er sagt, über die Wanderung dorthin in Geschichten reden (*mythologein*) und sagen, wie man wohl glaubt, daß sie sei (Phdo. 61d-e).

Kebes, einer der beiden nicht mehr sehr traditionsverhafteten jungen Pythagoräer, mit denen Sokrates das Gespräch dann bestreiten wird, möchte das nicht gelten lassen. Er bezweifelt, daß es dem Philosophen ziemt, den Tod als erstrebenswertes Ziel seines Lebens zu sehen, und unausdrücklich stellt er damit auch das mythische Reden in Frage, mit dem Sokrates sich an die Vorstellung eines Übergangs vom Leben zum Tode hält; Kebes sucht immer etwas, das er noch als Einwand vorbringen kann und will gar nicht sofort glauben, was man ihm sagt (Phdo. 63a). Gewiß ist das nicht bloß als Tadel gemeint. Und doch muß es erstaunen, daß Sokrates hier offenbar erwartet, Kebes solle ihm glauben, er solle sich überzeugen lassen. Denn das ist ja dem Sophisten und Rhetor Gorgias zufolge das Ziel des rhetorischen Könnens (Gorg. 452d-e).

Daß man es aber wirklich mit einer rhetorischen Situation zu tun hat und keiner des philosophischen Gesprächs, wird noch deutlicher, wenn Sokrates den Zweifel an seinen mythischen Todesbildern als Aufforderung zur Verteidigung versteht: Kebes und Simmias erwarten eine Verteidigung „wie vor Gericht“ (Phdo. 63b), und deren Ziel sollte es sein, sie beide zu überzeugen (Phdo. 63d). Wenn Gorgias die Überzeugung der Zuhörer als das Ziel der Rhetorik erläutert, nennt er das Beispiel der Gerichtsrede sogar an erster Stelle (Gorg. 452b); sie ist die auf Überzeugung angelegte Rede par excellence.

Der *Phaidon* inszeniert allerdings eine Verteidung ganz eigener Art. Nachdem Sokrates sich – in der *Apologie* – vor den Athenern und – im *Kriton* – vor den Gesetzen der Polis zu rechtfertigen versuchte, muß er nun der Argumente einklagenden Nachfrage Rechenschaft geben; seine Verteidigung im *Phaidon* vollzieht sich vor dem Gerichtshof des philosophischen Denkens, das Kebes und Simmias gewiß nicht vollkommen, aber dafür mit jugendlichem Nachdruck vertreten. Von Sokrates wird gefordert, er solle in den Logos übersetzen, was er selbst nur mythisch glaubt artikulieren zu können: sein philosophisches Leben und die ihm zugehörige Todesbereitschaft.

Wenn Sokrates mit seiner Wendung zum Mythos der Situation unmittelbar vor dem Tode wirklich entspricht, kann er die Forderung von Kebes unmöglich erfüllen. Aber er darf sich ihr auch nicht verweigern, denn was er im Mythos artikuliert, soll ja die Konsequenz und Erfüllung eines Lebens sein, das wesentlich durch die Bindung ans ausweisende und argumentierende Reden, an den Logos, bestimmt war. Dann bleibt nur ein Ausweg: Sokrates muß die Zusammengehörigkeit von Mythos und Logos selbst glaubhaft zu machen versuchen. Er muß erweisen, daß sich das Unbegreifliche in den philosophischen Begriff übersetzen läßt. So bringt er noch einmal das Zusammengehören von Frömmigkeit und Philosophie zur Sprache.

Doch wo es um den Tod und das Fortbestehen der Seele geht, ist das auf eine harte Probe gestellt. Kebes spricht hier zu Recht von dem Kind in uns, das überredet und überzeugt werden will, damit es den Tod nicht mehr fürchtet wie ein Gespenst (Phdo. 77e). Sokrates versucht, das Gespenst zu verscheuchen, und dabei erweist sich zunächst die Grenze philosophischer Überzeugungskraft: Die philosophische Rede kann hier nicht die Sicherheit schaffen, die Kebes und Simmias sich erwünschen. Das treibt in die Misologie, in den Haß auf das philosophische Reden. Dieser Haß auf die Logoi entsteht, wie Sokrates sagt, genau wie der Haß auf die Menschen: aus allzu großem und enttäuschtem Vertrauen. Er entsteht, wo man „ohne Kunstfertigkeit vertraut hat“ (*aneu technês* / Phdo. 89d) und aus dem Extrem einer ungebrochen positiven Einstellung ins andere Extem verbitterter Ablehnung fällt.

Daß blindes Vertrauen dieser Art naiv ist und unreflektiert, versteht man sofort; warum es „ohne Kunstfertigkeit“ sein soll, wird erst deutlich, wenn man nicht an den Gegenbegriff eines verfügenden Könnens denkt, sondern an die Fähigkeit zu Unterscheidung und Urteil: Wer in der Kunstfertigkeit, von der Sokrates spricht, erfahren ist, versteht die Grenzen des Wissens. In der *Apologie* war das „die menschliche Weisheit“ (*anthropinê sophia* / Apol. 20d) genannt worden.

Die menschliche Weisheit ist die Kunst, gelten zu lassen; wer mit ihr Erfahrung hat, überfordert weder Menschen noch Reden. Sie ist darum das einzige Mittel gegen den Haß, der aus der Enttäuschung naiven Vertrauens entsteht. Zugleich ist die Kunst, gelten zu lassen, damit gegen den Anspruch souveränen Verfügens gerichtet – auch gegen den Anspruch, daß das philosophische Denken und Begründen alles vermag. Am Ende, so müssen Kebes und Simmias erfahren, ist die unbedachte Reflektiertheit deshalb noch gefährlicher als die Naivität; sie zerstört ihren Wirkungsbereich, indem sie ihn vollkommen begreifen will. Indem sie von Sokrates fordern, er möge sich vor dem Gerichtshof der Philosophie verteidigen, droht ihnen die Bodenlosigkeit sophistischen Denkens und Redens; es besteht die Gefahr, daß „der Logos stirbt und wir nicht imstande sind, ihn wieder zum Leben zu wecken“ (Phdo. 89b). Nur wo man einen Wirkungsbereich gelten läßt, bringt man etwas zustande. Das Wesentliche liegt nicht im Erfolg, sondern darin, daß man die Grenzen des Könnens durchschaut und so erst das Können freisetzt. Die Kunst, gelten zu lassen, ist das geheime Wesen jeder Kunst – auch und gerade der des philosophischen Redens.

Damit das philosophische Gespräch mit Kebes und Simmias nicht stirbt, muß Sokrates also ihren Zweifel überwinden und siegen, indem er den zweifelnden, sich selbst zerstörenden Logos niederkämpft (Phdo. 89c). Sokrates muß seine Gesprächspartner von der Vertrauenswürdigkeit des Logos überzeugen und damit rhetorisch sein. Doch weil er zum Vertrauen und

Geltenlassen überzeugen will, darf er über das Denken von Kebes und Simmias nicht verfügen wollen. Er muß auf antirhetorische Weise rhetorisch sein.

Sokrates versucht das, indem er als erstes den rhetorischen Charakter seines Redens offen zugibt: Er verhalte sich nicht weisheitsliebend (*philosophôs*), sondern streitsüchtig und sei bedacht auf den Sieg (*philonikôs*). Wo das offengelegt wird, ist das wirksamste Mittel, den Sieg zu erlangen, aus der Hand gegeben – umgekehrt überzeugt man andere am besten, indem man behauptet, man sage die Wahrheit. Daß es ihm darum nicht geht, fügt Sokrates gleich noch hinzu (Phdo. 91a). Nur so kann Sokrates andererseits sein Ziel erreichen, denn er will Kebes und Simmias ja nicht zu einer bestimmten Meinung überreden, sondern eben dazu, dem Logos Vertrauen zu schenken.

Das ist nicht möglich, ohne daß Sokrates selbst dem Logos vertraut und sein Vertrauen so artikuliert, daß die anderen es übernehmen können. Je weniger es dabei um die anderen geht, desto größer sind die Chancen, daß sie sich am Ende überzeugen lassen. Entsprechend sagt Sokrates, es kümmere ihn nicht, ob die Anwesenden das, was er sagt, für wahr hielten – oder höchstens als Beiwerk (*parergon*) –, sondern daß es ihm selbst sich vorrangig so zu verhalten scheine (Phdo. 91a-b). Die anderen zu überzeugen, kann immer nur Beiwerk sein. Man erreicht es am besten, indem man die eigene Überzeugung darstellt; so bewirkt man, was nicht primär beabsichtigt sein darf, am Ende doch indirekt. Die Rhetorik erfüllt sich in ihrer Umkehrung.

Sokrates erzählt die Geschichte seines eigenen Vertrauens, indem er auf den Logos verweist, dem er selber vertraut: Es gibt Ideen und damit die Gewähr der immer wieder bewährten Möglichkeit, das Seiende im Zusammenhang, im Zusammenspiel von Einheit und Vielheit, darzustellen. Sokrates vertraut dem Logos, der Dialektik ermöglicht und sich dialektisch bewährt. Wenn Sokrates dies an einigen Beispielen vorführt, so will er nur für das Entscheidende die Voraussetzung schaffen: dafür, „die Ursache aufzuzeigen und freizulegen, daß die Seele unsterblich ist“ (Phdo. 100b). Nur darin kann sich nach dem bisherigen Gespräch die Stärke des Sokratischen Logos erweisen.

Abb. 6: Jacques Louis David, Der Tod des Sokrates (The Metropolitan Museum of Art, New York).

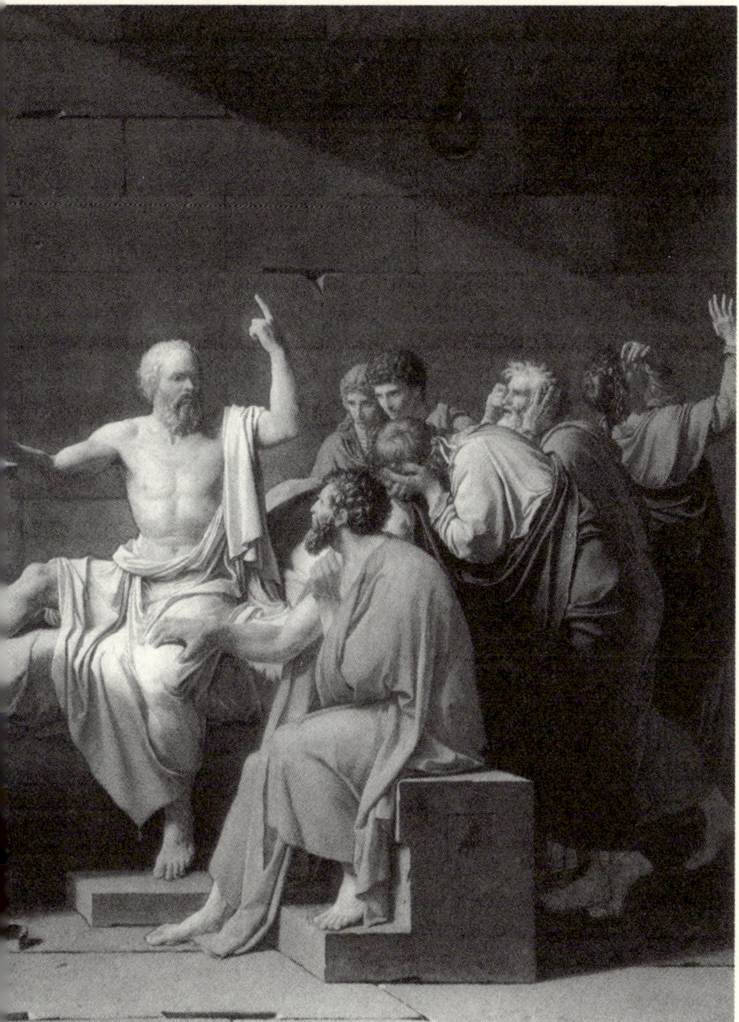

Die Frage, ob das gelingt, ist unter dem Gesichtspunkt logischer Folgerichtigkeit leicht zu beantworten: Sokrates führt vor, daß etwas nur warm sein kann, wenn es an der Wärme teilhat und ensprechend lebendig nur, wenn in ihm Leben ist. Wärme und Leben zeigen sich jedoch in bestimmter Gestalt – als Feuer beziehungsweise als Seele. Die Seele kann nicht ohne Leben sein, und weil Leben und Tod einander ausschließen, kann sie nicht sterben; sie nimmt den Tod nicht an und ist darin unsterblich (Phdo. 106a-b). Doch das könnte immer noch heißen, daß die Seele beim Herannahen des Todes einfach verschwindet, daß sie zerstiebt, wie es Kebes befürchtet hatte. Was dies angeht, kann Sokrates noch hinzufügen, wenn überhaupt etwas, so werde doch die Idee des Lebens selbst unvergänglich sein. Sofern sie notwendig der Seele innewohnt, gilt von dieser dasselbe (Phdo. 106d).

Daß die Idee des Lebens und mit ihr die Seele unvergänglich ist, läßt sich allerdings nicht mehr beweisen. Zwar hat Sokrates erreicht, was er erreichen wollte: Er hat die Ursache dafür aufgezeigt, daß die Seele unsterblich ist – nur, daß diese Ursache sich einer positiven und definitiven Bestimmung entzieht. Die Idee des Lebens entzieht sich – wie der Gott, mit dem sie für Sokrates zusammengehört: Der Gott wenigstens und die Idee des Lebens sind, wie er sagt, unvergänglich (Phdo. 106d); die Idee des Lebens ist die Idee des Guten und so die philosophisch erfragbare Gestalt des Gottes.

Damit wird bekräftigt, was in der *Apologie* schon zu verstehen gegeben wurde: Philosophie ist ein gedanklicher Überstieg zu jenem, was im Denken nicht sicher faßbar ist. Philosophie hat keinen letzten Grund, in den sie, sich selber begründend, zurückgehen kann. Sie erweist sich als abgründig, wo man nach letzten Begründungen fragt, und darum muß sie, dort, wo es um ihre eigene Möglichkeit geht, auf ihre Weise rhetorisch sein: Ihr Logos muß als stärkster vertreten werden, und das geschieht am besten mit der Überzeugungskraft eines philosophischen Lebens – indem gezeigt wird, wie einer dem Logos vertraut und sich auf das, was der Logos darstellen soll, einläßt.

Weil die Philosophie in ihren Darstellungen und Selbstdarstellungen rhetorisch ist, darf man nicht mit endgültigen Evidenzen rechnen. Am Ende bleibt die Wirkung des Sokratischen Überzeugungsversuchs bezeichnenderweise geteilt: Kebes ist überzeugt, aber der anfangs sehr viel weniger skeptische Simmias gesteht zu, einen Zweifel (*apistia*) zurückzubehalten, wie er sagt, wegen der Größe dessen, wovon die Rede war und weil er der menschlichen Schwäche wenig zutraut (Phdo. 107a-b). Sokrates stimmt Simmias zu: Man muß die ersten Grundlagen des philosophischen Denkens, selbst wenn sie einem vertrauenswürdig (*pistai*) sind, noch genauer untersuchen (Phdo. 107b). Nur durch lange Übung kann Philosophie wahrhaft überzeugend werden. Simmias hat das besser verstanden als Kebes, und insofern hat die philosophische Rhetorik bei ihm schließlich doch mehr bewirkt; er ahnt zumindest, daß die philosophische Rede zu verstehen geben will, worüber sie selbst nicht verfügt.

Wenn Sokrates am Ende des philosophischen Gesprächs mit Kebes und Simmias dazu auffordert, die „ersten Grundlagen" der Philosophie noch genauer zu untersuchen, so darf man das sicher als programmatischen Wink des Autors Platon verstehen: Sokrates betont nicht bloß die Unabgeschlossenheit und Unabschließbarkeit der Philosophie; er bekräftigt nicht nur, daß Philosophieren Gespräch ist und als solches immer wieder aufs neue beginnen muß. Sondern er legitimiert seinen Schüler Platon, der mit dem Anspruch einer genaueren Untersuchung der philosophischen Grundlagen – der Ideen – auftritt. Insofern weist der *Phaidon*, gerade indem er die Zusammengehörigkeit von Sokratischem Leben und Philosophie darstellt, über Sokrates hinaus.

Dafür, daß dies vom Autor nicht nur am Rande gewollt ist, spricht auch die Rahmenhandlung des Dialogs: Phaidon, der Erzähler, berichtet von den letzten Stunden des Sokrates einer Gruppe von Philosophen, die an allem so lebhaften Anteil nehmen, daß das drohende Scheitern des erzählten Gesprächs sie unmittelbar betrifft; nachdem der zweite Unsterblichkeitsbeweis gescheitert ist, zeigt der Sprecher der Gruppe, Echekrates, sich tief irritiert (Phdo. 88d-e), und entsprechend emphatisch begrüßt er im Namen aller die Lösung der Aporie im Rekurs auf die Ideenannahme (Phdo. 102a). Das Sokratische Denken hat auch nach dem Tod seines Urhebers Bestand; die Anteilnahme der Hörer macht deutlich, daß jeder spätere, also auch der Leser Platonischer Dialoge, angesprochen ist, Überzeugungskraft und Stimmigkeit der Gedanken selbst zu erwägen.

Auf die Intention des Dialogs deutet auch die Häufung pythagoräischer Motive. Die Zuhörer von Phaidons Erzählung sind ebenso Pythagoräer wie Kebes und Simmias; und immer wieder bei der Erörterung der Unsterblichkeit werden Gedanken und Mythen ins Spiel gebracht, die nach dem, was man weiß, pythagoräischen Ursprungs sind. Aber damit soll nicht an eine Tradition angeknüpft werden, in deren Zusammenhang die Themen des Dialogs eben gehören – im Gegenteil wird die Brüchigkeit der pythagoräischen Tradition betont, wenn Kebes eingesteht, er und Simmias seien mit den Lehren des Philolaos nicht mehr vertraut (Phdo. 61d). Platon will keine Tradition fortsetzen, sondern eine Tradition begründen.

Gerade aus den pythagoräischen Motiven wird das deutlich. In der *Politeia* ist einmal an aufschlußreicher Stelle von Pythagoras die Rede. In der Auseinandersetzung mit Homer und seinen Verdiensten fragt Sokrates, ob der Dichter wohl zu Lebzeiten Erzieher gewesen sei und ob er den Späteren einen Weg Homerischen Lebens eröffnet habe – „so wie Pythagoras selbst vor allem deshalb geliebt wurde und auch die Späteren, die jetzt noch ihre Lebensweise pythagoräisch nennen, als herausragend gelten" (Resp. 600a-b). Mit dem *Phaidon* will sein Verfasser analog dazu die Rede von einer Sokratischen Lebensweise einführen und suggerieren, daß als herausragend gelten kann, wer auch später noch sein Leben sokratisch nennt. Daß man dazu nicht bei Sokrates stehenbleiben kann, hat Platon gezeigt. Wo ein philosophisches Leben in seiner Individualität nicht nachahmbar ist, aber die Späteren auf dieses Leben verpflichtet bleiben, muß die Weiterführung des Denkens mit dem Gedenken verbunden sein.

8. 3. 1997

Anhang

1. Zeittafel

507	Reformen des Kleisthenes
um 500	Perikles geboren
496	Sophokles geboren
490	Schlacht bei Marathon
um 485	Protagoras geboren
480	Schlacht bei Salamis
	Euripides geboren
472	Uraufführung der *Perser* des Aischylos
470/469	Sokrates geboren
462/461	Entmachtung des Areopags, Einführung der Demokratie in Athen
um 460	Anaxagoras kommt nach Athen
458	Uraufführung der *Orestie* des Aischylos
um 455	Aischylos gestorben
451	Athenisches Bürgerrechtsgesetz
um 450	Alkibiades geboren
	Aristophanes geboren
447–438	Errichtung des Parthenon
446/445	Dreißigjähriger Frieden zwischen Athen und Sparta
442	Uraufführung der *Antigone* des Sophokles
um 440	Charmides geboren
431–429	Abfall und Belagerung von Potidaia unter Beteiligung des Sokrates
431–404	Peloponnesischer Krieg
um 430	Xenophon geboren
430/429	Pest in Athen
429	Tod des Perikles
um 428	Anaxagoras gestorben
427	Platon geboren
	Gorgias in Athen
424	Schlacht bei Delion unter Beteiligung des Sokrates
423	Uraufführung der *Wolken* des Aristophanes
422	Schlacht bei Amphipolis unter Beteiligung des Sokrates

421	Nikias-Frieden zwischen Athen und Sparta
418–415	Alkibiades auf der Höhe der Macht
416	Tragödiensieg des Agathon
415	Athener Expedition nach Sizilien
411	Umsturz in Athen
410	Wiederherstellung der Athener Demokratie
407	Rückkehr Alkibiades' nach Athen
406	Sokrates ist Prytane und Vorsitzender der Volksversammlung
404	Kapitulation Athens
404–403	Regierung der Dreißig Tyrannen, Widerstand des Sokrates
403	Wiederherstellung der Demokratie in Athen, Kritias und Charmides fallen im Kampf
399	Prozeß und Tod des Sokrates
354	Tod Xenophons
347	Tod Platons

2. Bibliographie

A. Texte

Aristoteles: Nikomachische Ethik, hrsg. v. Günther Bien, Hamburg 1985.

Aristotelis Ethica Nicomachea, Recognovit brevique adnotatione critica instruxit I. Bywater, Oxford 1894 u. ö.

Aristoteles' Metaphysik, Griechisch-deutsch, In der Übersetzung von Hermann Bonitz. Neu bearbeitet, mit Einleitung und Kommentar hrsg. v. Horst Seidl, 2 Bd., Hamburg 1978.

Aristotle's Metaphysics, A revised Text with Introduction and Commentary by W. D. Ross, Oxord 1924 u. ö.

Aristoteles: Rhetorik, übers. von Franz G. Sievecke, München 1980.

Aristotelis Ars Rhetorica, Recognovit brevique adnotatione critica instruxit W. D. Ross, Oxford 1959.

Aristoteles: Poetik, Übers. und hrsg. von Manfred Fuhrmann, Griechisch-deutsch, Stuttgart 1982.

Aristophanes: Komödien, Nach der Übersetzung von Ludwig Esseger hrsg. von H.-J. Newiger, München 1990.

Marcus Tullius Cicero: Gespräche in Tusculum, Lateinisch-deutsch, hrsg. von O. Gigon, München/Zürich [5]1984.

Diogenes Laertius: Leben und Meinungen berühmter Philosophen (Buch I-X), Übers. v. Otto Apelt, hrsg. v. Klaus Reich, Hamburg ³1990.
Diogenis Laertii Vitae Philososophorum (Tomus I-II), Recognovit brevique adnotatione critica instruxit H. S. Long, Oxford 1964.
Platon: Werke in acht Bänden, Griechisch-deutsch, hrsg. v. Günter Eigler, Darmstadt 1977 und 1990.
Platonis opera (Tomus I-V), Recognovit brevique adnotatione critica instruxit Ionnes Burnet, Oxford 1900 u. ö.
Sophokles: Dramen, Griechisch-deutsch, hrsg. und übers. von Wilhelm Willige, bearbeitet von K. Bayer, München/Zürich ²1985.
Xenophon: Erinnerungen an Sokrates (Memorabilia), Griechisch-deutsch, hrsg. von P. Jaerisch, München/Zürich ³1980.
Xenophon: Hellenika, Griechisch-deutsch, hrsg. von G. Strasburger, München/Zürich 1988.
Die Fragmente der Vorsokratiker von Hermann Diels, hrsg. von Walter Kranz, sechste verbesserte Aufl., 3 Bd. griechisch-deutsch, Zürich/Hildesheim 1985.
Socratis et Socraticorum Reliquae, collegit, disposuit, apparatibus notisque instruxit Gabriele Giannantoni. Vol. I-IV, Neapel 1990.

B. Darstellungen

Adorno, F.: Introduzione a Socrate, Bari ²1973.
Birnbaum, W.: Sokrates. Urbild des abendländischen Denkens, Göttingen 1973.
Böhme, G.: Der Typ Sokrates, Frankfurt/M 1988.
Burnet, J.: Greek Philosophy, Thales to Plato, London 1914 (ND 1968), S. 102–165.
Festugière, A. J.: Socrate, Paris 1934 (deutsch: Sokrates, Speyer 1950).
Finley, Moses I.: Sokrates und die Folgen, in: Ders., Antike und moderne Demokratie, Stuttgart 1980.
Gigon, O.: Sokrates. Sein Bild in Dichtung und Geschichte, Bern 1947; Bern ²1979
Guardini, R. Der Tod des Sokrates, Düsseldorf ⁵1987.
Gulley, N.: The philosophy of Socrates, London 1968.
Guthrie, W. K. C.: Socrates, in: Ders.: A history of Greek philosophy Bd. III, Cambridge 1969, S. 323–507 (als Separatdruck erschienen Cambridge 1971).
Hegel, G. W. F.: Vorlesungen zur Geschichte der Philosophie I (= Werke in zwanzig Bänden. Auf der Grundlage der Werke von 1832–1845 neu edierte Ausgabe. Redaktion E. Moldenhauer und K. M. Michel, Bd. 8), Frankfurt/M 1971.

Irmscher, J.: Sokrates. Versuch einer Biographie, Leipzig 1982.
Jaspers, K.: Sokrates, in: Ders.: Die großen Philosophen Bd. 1, München 1957, S. 105–127.
Joel, K.: Der echte und der Xenophantische Sokrates (2 Bd.), Berlin 1893 und 1901.
Kierkegaard, S.: Über den Begriff der Ironie. Mit ständiger Rücksicht auf Sokrates, hrsg. und Übers. von E. Hirsch, Düsseldorf-Köln 1961.
Kuhn, H.: Sokrates. Ein Versuch über den Ursprung der Metaphysik, Berlin 1933.
Leider, K.: Sokrates, Hamburg 1970.
Maier, H.: Sokrates. Sein Werk und seine geschichtliche Stellung, Tübingen 1913, (ND Aalen 1964).
Martens, E.: Die Sache des Sokrates, Stuttgart 1992.
Martin, G.: Sokrates, Reinbek bei Hamburg 1967.
Mondolfo, R.: Sócrates, Buenos Aires, ^{6}1969.
Nebel, G.: Sokrates, Stuttgart 1969.
Nietzsche, F.: Die Geburt der Tragödie aus dem Geiste der Musik, in: Ders.: Kritische Studienausgabe Bd. 1, hrsg. von Giorgio Colli und Mazzino Montinari, München ^{2}1988, S. 9–156.
Ritter, C.: Sokrates, Tübingen 1931.
Schrempf, C.: Sokrates. Seine Persönlichkeit und sein Glaube, Stuttgart ^{3}1955.
Stenzel, J.: Sokrates aus Athen, der Begründer der attischen Philosophie (Nr. 5), in: Pauly-Wissowas Real-Encyklopädie der classischen Altertumswissenschaft, 2. Reihe, 3. Bd. Stuttgart 1927, S. 811–890.
Taylor, A. E.: Socrates, New York 1932.
Vlastos, G.: Socrates. Ironist and Moral Philosopher, Cambridge/New York u. a. 1991.

C. Aufsatzsammlungen

Benson, H. H. (Ed.): Essays on the Philosophy of Socrates, Oxford/New York 1992.
Gover, B. S. / Stokes, M. C.: Socratic Questions. New Essays on the Philosophy of Socrates and its Significance, London/New York 1992.
Kelly, E. (Ed.): New Essays on Socrates, Lanham/Washington D. C. 1984.
Krohn, D. u. a. (Hrsg.): Das Sokratische Gespräch, Hamburg 1989.
Patzer, A. (Hrsg.): Der historische Sokrates, Darmstadt 1987 (= Wissenschaftliche Buchgesellschaft; Wege der Forschung Bd. 585).

D. Untersuchungen

Abma, E.: Sokrates in der deutschen Literatur, Nymwegen 1949.
Allen R. E.: Plato's Euthyphro and the Earlier Theory of Forms, New York 1971.
Allen, R. E.: Irony and Rhetoric in Plato's Apology, in: Paideia 5, 1976, S. 32–42.
Allen, R. E.: Socrates on Legal Obligation, Minneapolis 1980.
Amory, F.: Socrates: The Legend, in: Classica et Mediaevalia 35, 1984, S. 19–56.
Anderson, D. E.: Socrates' Concept of Piety, in: Journ. of the. hist. of Phil. 5, 1967, S. 1–13.
Beckman, J.: The religious dimension of Socrates' Thought, Waterloo, Ont. 1979.
Blum A. F.: Socrates. The original and its images, London/Henley/Boston 1978.
Böhm, B.: Sokrates im 18. Jahrhundert, Neumünster 1966.
Brickhouse, T. C./Smith, N. D.: Socrates on Trial, Princeton N. J. 1989.
Burckhardt, J.: Griechische Kulturgeschichte, Gesammelte Werke Band VI-VII, Basel 1956.
Figal, G.: Das Untier und die Liebe. Sieben platonische Essays, Stuttgart 1991.
Figal, G.: Platons Destruktion der Ontologie, in: Antike und Abendland Bd. XXXIX, S. 29–47. 1993 ?
Friedländer, P.: Platon (3 Bd.), Berlin ³1964.
Gadamer, H.-G.: Griechische Philosophie Bd. I-III, Gesammelte Werke Bd. 5–7, Tübingen 1985 und 1991.
Gundert, H.: Platon und das Daimonion des Sokrates, in: Gymnasium 1954, S. 513–531.
Guthrie, W. K. C.: A history of Greek Philosophy. Vol. IV und V, Cambridge u. a. 1975 u. ö..
Hackforth, R.: Socrates, in: Philosophy 1933, S. 259–272.
Jaeger, W.: Paideia, Nachdruck der 5. Auflage, Berlin/New York 1989.
Kerényi, K.: Unsterblichkeit und Apollonreligion, in: Ders.: Apollon und Niobe, München/Wien 1980.
Kraut, R.: Socrates and the State, Princeton N. J. 1984.
Kube, J.: TEXNH UND ARETH. Sophistisches und Platonisches Tugendwissen, Berlin 1969.
Lesky, A.: Geschichte der griechischen Literatur, Bern/München ³1971.
Meier, C.: Die Entstehung des Politischen bei den Griechen, Frankfurt/M 1980.

Meier, C.: Die politische Kunst der Tragödie, München 1988.
Meier, C.: Athen. Ein Neubeginn der Weltgeschichte, Berlin 1993.
Mittelstraß, J.: Versuch über den Sokratischen Dialog, in: Ders.: Wissen als Lebensform, Frankfurt/M 1982, S. 138–161.
Mugerauer, R.: Sokratische Pädagogik, Marburg 1992.
Murphy, J. G.: Socrates' Theory of Legal Fidelity, in: Ders.: Retribution, Justice and Therapy, Dordrecht 1973.
Nußbaum, M. C.: The fragility of goodness. Luck and ethics in Greek tragedy and philosophy, Cambridge 1986.
Ottmann, H.: Der Tod des Sokrates und seine Bedeutung für die politische Philosophie, in: Anodos. Festschrift für Helmut Kuhn. Hrsg. v. R. Hofmann, J. Jantzen und H. Ottmann, Weinheim 1989, S. 179–191.
Popper, K. R.: Die offene Gesellschaft und ihre Feinde, Bd. I: Der Zauber Platons, Bern 1957; 7. Aufl. mit weitgehenden Verbesserungen und neuen Anhängen, Tübingen 1992.
Quarch, C.: Platons Konzept des „diamythologein". Philosophie und Mythos in Platons ‚Phaidon', in: Mythos zwischen Philosophie und Theologie, hrsg. von E. Rudolph, Darmstadt 1994, S. 113–141.
Robinson, R.: Plato's Earlier Dialectic, Oxford [2]1953.
Ross, W. D.: The Problem of Socrates, in: Classical Association Proceedings 1933, S. 7–24.
Santas, G.: Socrates' Philosophy in Plato's Early Dialogues, London/ Boston/Henley 1979.
Scheibler, I. / Zanker, P. / Vierneisel, K. (Hrsg.): Sokrates in der griechischen Bildkunst, München 1989.
Snell, B.: Das früheste Zeugnis über Sokrates, in: Philologus 1948, S. 209–228.
Stone, I. F.: Der Prozeß gegen Sokrates, Darmstadt/Wien 1990.
Strauss, L.: The City and Man, Chicago and London 1978.
Strauss, L.: Studies in Platonic Political Philosophy, with an Introduction by T. L. Pangle, Chicago and London 1983.
Szlezák, T. A.: Platon und die Schriftlichkeit der Philosophie. Interpretationen zu den frühen und mittleren Dialogen, Berlin/New York 1985.
Szlezák, T. A.: Platon lesen, Stuttgart 1993.
Thomsen, D.: ‚Techne' als Metapher und als Begriff der sittlichen Einsicht. Zum Verhältnis von Vernunft und Natur bei Platon und Aristoteles, Freiburg/München 1990.
Wieland, W.: Platon und die Formen des Wissens, Göttingen 1982.
Zeller, E.: Die Philosophie der Griechen, 2. Teil, I. Abteilung, Sokrates und die Sokratiker; Plato und die alte Akademie. Leipzig [5]1922 (ND 1963).

4. Personenregister

Aufgeführt werden die im Text erwähnten historischen und mythischen Personen sowie die Platonischen Dialogfiguren.

5. Sachregister

6. Stellen-Register